实践教学系列教材

有机化学实验

主 编 宋明芝
副主编 范传刚 谢 彦 段永正

山东省普通本科高校应用型人才培养专业发展支持计划资助

科学出版社
北京

内 容 简 介

本书是依据教育部高等院校教学基本要求及各地方本科院校有机化学实验的教学实践编写的。编写时充分考虑我国普通高等院校有机化学实验的教学现状，以及各院校和不同专业对有机化学实验的不同要求，精选实验内容，并对部分内容进行了重组。本书共 6 章：第 1 章为有机化学实验的基本知识，第 2 章为基本操作实验，第 3 章为基础有机合成实验，第 4 章为天然产物的提取实验，第 5 章为综合性实验，第 6 章为创新实验。全书共 45 个实验，一些实验后附注释和思考题，便于学生预习、掌握关键性操作及实验方法。书后有附录供学生查阅和进一步阅读。

本书可作为高等学校化学、化工、环境、制药、食品、材料、生物等专业本科生的有机化学实验教材，也可供相应领域专业人员选用和参考。

图书在版编目(CIP)数据

有机化学实验/宋明芝主编. —北京：科学出版社，2016.9
实践教学系列教材
ISBN 978-7-03-049910-3

Ⅰ. ①有… Ⅱ. ①宋… Ⅲ. ①有机化学-化学实验-高等学校-教材 Ⅳ. ①O62-33

中国版本图书馆 CIP 数据核字(2016)第 214387 号

责任编辑：陈雅娴/责任校对：何艳萍
责任印制：张 伟/封面设计：迷底书装

科学出版社 出版
北京东黄城根北街 16 号
邮政编码：100717
http://www.sciencep.com
天津市新科印刷有限公司 印刷
科学出版社发行 各地新华书店经销
*

2016 年 9 月第 一 版 开本：720×1000 1/16
2024 年 1 月第五次印刷 印张：9 1/4
字数：181 000
定价：32.00 元
(如有印装质量问题，我社负责调换)

前　言

　　有机化学实验是化学及相关专业本科生必修的一门基础实验课程，是有机化学教学不可或缺的重要组成部分，为有机化学理论教学提供实验支撑。有机化学实验教学的目的是训练学生的实验操作技能，验证有机化学理论教学中所学知识，培养学生选择合理的有机合成方法和分离、鉴定手段，以及分析和解决实际问题的能力。另外，有机化学实验也是培养学生理论联系实际的作风，实事求是、严格认真的科学态度与良好的工作习惯的一个重要环节。

　　本书主要内容分为 6 章。第 1 章介绍有机化学实验的基本知识。第 2 章介绍基本操作实验。第 3 章为基础有机合成实验，实验均采用半微量操作，体现绿色合成思想。第 4 章为天然产物的提取实验。第 5 章为综合性实验，选编了几组多步骤系列反应，供学生在完成基础有机合成实验之后进行综合训练。第 6 章为创新实验，这部分应在具备基础和综合性实验技能的基础上展开，以学生为主体，要求学生综合应用所学知识及多种实验技能解决有一定难度的实验问题。这有利于学生个性的全面发展和学生潜能的充分发挥，是实现素质教育的良好途径。本书为研究设计性实验提供一种模板，教师可根据实际情况与科研选题相联系，实现科研与教学相互渗透。

　　本书的内容循序渐进，由浅至深，立足基础，注重综合性，加强实用性。

　　本书由宋明芝主编，第 1 章和附录部分由范传刚编写，第 2 章由谢彦编写，第 3 章由段永正编写，第 4~6 章由宋明芝编写。

　　由于编者水平有限，书中不当之处在所难免，恳请读者提出宝贵意见。

编　者
2016 年 4 月

目 录

前言
第1章 有机化学实验的基本知识 ··································· 1
 1.1 有机化学实验室规则 ··· 1
 1.2 有机化学实验室安全知识 ··· 2
 1.3 有机化学实验常用的仪器和装置 ······························ 6
 1.4 有机化学实验室常用设备及使用 ······························ 14
 1.5 实验预习、实验记录和实验报告的基本要求 ············· 24
第2章 基本操作实验 ·· 26
 实验一 简单玻璃工操作 ··· 26
 实验二 熔点的测定 ··· 29
 实验三 蒸馏 ··· 34
 实验四 分馏 ··· 37
 实验五 水蒸气蒸馏 ··· 39
 实验六 重结晶和过滤 ·· 42
 实验七 萃取 ··· 45
 实验八 减压蒸馏 ·· 47
 实验九 升华 ··· 51
 实验十 经典色谱分离技术 ·· 53
第3章 基础有机合成实验 ·· 60
 实验十一 甲烷的制备与性质 ·· 60
 实验十二 环己烯的制备 ··· 62
 实验十三 1-溴丁烷的制备 ·· 64
 实验十四 2-甲基-2-氯丙烷的合成 ································· 67
 实验十五 苯乙醚的制备 ··· 69
 实验十六 正丁醚的制备 ··· 70
 实验十七 2-甲基-2-己醇的制备 ····································· 73
 实验十八 苯乙酮的制备 ··· 75
 实验十九 2-硝基-1,3-苯二酚的制备 ······························ 78
 实验二十 环己酮的制备 ··· 80
 实验二十一 乙酸乙酯的制备 ·· 82

实验二十二　乙酸异戊酯的制备 ·· 83
　　实验二十三　水杨酸甲酯的合成 ·· 86
　　实验二十四　呋喃甲醇和呋喃甲酸的制备 ·· 87
　　实验二十五　苯甲酸和苯甲醇的合成 ··· 89
　　实验二十六　肉桂酸的制备 ··· 91
　　实验二十七　乙酰乙酸乙酯的制备 ·· 94
　　实验二十八　对硝基苯甲酸的制备 ·· 97
　　实验二十九　二苯甲醇的合成 ··· 99
　　实验三十　肥皂的制备 ··· 100
　　实验三十一　甲基橙的制备 ·· 102
　　实验三十二　蒽与马来酸酐的反应 ·· 105
第 4 章　天然产物的提取实验 ·· 107
　　实验三十三　茶叶中提取咖啡因 ··· 107
　　实验三十四　从槐米中提取芦丁 ··· 109
　　实验三十五　从黄连中提取黄连素 ·· 111
　　实验三十六　柑橘皮中提取果胶和橙皮苷 ···································· 114
　　实验三十七　黑胡椒中提取胡椒碱 ·· 115
第 5 章　综合性实验 ·· 118
　　实验三十八　乙酰苯胺的制备 ·· 118
　　实验三十九　阿司匹林的制备 ·· 120
　　实验四十　安息香的合成 ··· 122
　　实验四十一　对氨基苯磺酰胺的制备 ·· 125
　　实验四十二　二茂铁的合成 ·· 127
　　实验四十三　聚苯乙烯的合成 ·· 129
　　实验四十四　邻苯二甲酸二丁酯的制备 ······································· 131
　　实验四十五　十二烷基二甲基甜菜碱的合成 ································ 133
第 6 章　创新实验 ·· 136
附录 ·· 137
　　附录 1　有机化学实验工具书、参考书及期刊 ································ 137
　　附录 2　常用有机溶剂的纯化 ··· 138
　　附录 3　常用干燥剂的性能与应用范围 ··· 142

第1章 有机化学实验的基本知识

有机化学是一门以实验为基础的学科，有机化学实验是有机化学教学的重要组成部分。

有机化学实验教学的基本任务是通过实验使学生掌握基本实验操作，培养学生正确使用仪器、取得正确实验数据、正确记录和表达实验结果的能力，以及认真观察实验现象、分析判断、逻辑推理、作出正确结论的能力。有机化学实验也是培养学生理论联系实际的作风、实事求是的科学态度以及创新能力的一个重要环节。

1.1 有机化学实验室规则

为确保实验顺利进行，做实验时，学生必须遵守下列规则：

（1）实验前必须认真预习实验教材，明确实验目的和要求，了解实验原理和内容，弄清操作步骤，制订实验计划，做到心中有数。

（2）进入实验室，应首先核对自己所需的仪器、试剂等，如有问题立即向指导教师报告并及时更换。实验中应保持安静和良好秩序，认真操作、仔细观察和如实记录。未经教师同意不得任意改变药品用量和实验内容。

（3）实验过程中应注意：

① 使用危险品应严格按照规程操作并注意安全防护。有毒废液统一回收处理。

② 保持实验室整洁，仪器、药品摆放有序，污物、废品放到指定地点。

③ 爱护实验仪器设备，如有仪器损坏，必须及时登记补领。使用精密仪器时，必须严格按照操作规程进行操作。如发现仪器有异常，立即报告指导教师，及时排除故障。

④ 节约水、电和药品。

（4）学生轮流值日。值日生负责整理公用物品、打扫实验室，检查水、电是否关闭，最后关好门窗。

为了保证有机化学实验课正常、有效、安全地进行，培养良好的实验习惯和严谨的科学态度，并保证实验课的教学质量，学生必须遵守有机化学实验室的下列规则：

（1）进入实验室首先要了解实验室内水、电、气的开关位置和摆放灭火器的地点及使用方法，掌握灭火、防护和急救的相关知识。

(2) 必须遵守实验室的各项规章制度，听从教师和实验室管理人员的指导。注意安全，一旦发生意外事故，要立即请教师处理。

(3) 每次做实验前，必须认真预习有关实验内容并查阅相关资料。明确实验的目的和要求，了解实验原理、反应特点、实验中的关键步骤及难点，以及所用药品的性质和可能发生的事故，并写好实验预习报告。没有达到预习要求者，不得进行实验。

(4) 实验中应严格按照操作规程操作，如要改变药品用量、规格和实验步骤，必须经指导教师同意。实验中要认真、仔细观察实验现象，如实做好记录，积极思考，不做与实验无关的事。按时写出符合要求的实验报告。

(5) 在实验过程中，不得大声喧哗、打闹，不得擅自离开实验室。始终保持实验室安静，使实验过程井然有序。

(6) 不能穿拖鞋、凉鞋、背心、短裤等暴露过多的服装进入实验室，应穿工作服以保护身体，必要时戴护目镜。实验室内不能吸烟和饮食。

(7) 应经常保持实验室的整洁，做到仪器、桌面、地面和水槽洁净。实验装置要规范、美观，符合实验要求。固体废弃物及废液应倒入指定地点，统一处理和回收。

(8) 要爱护公物。自管仪器用后必须洗干净，妥善保管，公用仪器和药品应在指定地点使用，用完后及时放回原处，并保持其整洁。注意节约水、电和药品，药品取完后，及时将盖子盖好，防止药品的相互污染。仪器如有损坏，要及时登记予以补发，并按制度赔偿。不得私自将实验室的药品、仪器带出实验室。

(9) 实验结束后，应将个人实验台面打扫干净，清洗、整理仪器。学生轮流值日，值日生应负责整理公用仪器、药品，打扫实验室卫生，关好水、电、气、门窗，经实验室管理人员检查合格后才能离开实验室。

1.2 有机化学实验室安全知识

化学实验中经常会接触到易燃、易爆、有毒、有腐蚀性的化学药品，有的化学反应还具有危险性，且经常使用水、电和各种加热用具(如酒精灯、酒精喷灯和煤气灯等)，学生必须在思想上充分重视安全问题。因此，实验前应充分了解有关安全注意事项，实验过程中严格遵守操作规程，以避免或减少事故发生。

进行有机化学实验所用的药品多数是有毒(如氰化钠、硝基苯等)、易燃(如苯、丙酮、乙醚等)、有腐蚀性(如浓硫酸、浓硝酸、烧碱等)或有爆炸性的(如乙炔、金属有机试剂和干燥的苦味酸等)，这些药品使用不当，就有可能发生着火、爆炸、烧伤、中毒事故。有机化学实验所用的仪器大部分是玻璃制品，易碎、易裂，容易发生割伤事故。另外，电器设备、煤气及酒精喷灯等，如果使用不当，容易引起触电或火灾。因此，必须认识到化学实验室是具有潜在危险的场所。必须重视安全问题，切勿麻痹大意，应认真操作，提高警惕，实验时应严格执行操作规程，加强安全措施，才能有效地避免事故的发生，维护人身和实验室的安全，使实验得以顺利完成。

下面介绍实验室的安全守则和实验室事故的预防和处理。

1.2.1 一般注意事项

（1）实验开始前应检查仪器是否完整无损，装置是否安装正确，在征得指导教师同意之后，才可进行实验。

（2）实验进行时，应仔细观察、认真思考、如实记录，不得离开岗位。要时刻注意反应进行的情况是否正常、装置有无漏气和破裂等现象，以便及时排除各种事故隐患。

（3）进行有可能发生危险的实验时，要根据实验情况采取必要的安全措施，如佩戴护目镜、面罩或橡皮手套等，有的实验应在通风橱内进行。

（4）使用易燃、易爆药品时，应远离火源。实验试剂不得入口。实验结束后要仔细洗手。

（5）熟悉安全用具（如灭火器材、砂桶以及急救药箱）的放置地点和使用方法，并妥善保管。安全用具和急救药品不准移作他用。

（6）常压蒸馏和回流反应禁止在密封体系中操作，一定要保持与大气相通。

1.2.2 实验室事故的预防

1. 火灾的预防

实验室中使用的有机溶剂大多数是易燃的，而且多数有机反应往往需要加热，因此着火是有机实验室常见的事故之一，应尽量不用明火直接加热。

防火的基本原则有下列注意事项。

（1）在操作易燃溶剂时要特别注意：

① 应使易燃药品尽可能远离火源；使用各种措施防止有机溶剂的蒸气外泄，因为有机蒸气相对密度比空气大，会下沉流动，聚集于地面低处，遇到丢弃的未熄灭的火柴、烟头等会引起燃烧。

② 切勿在敞口容器（如烧杯、蒸发皿等）中存放、加热或蒸煮易燃溶剂（如乙醇、乙醚、乙酸乙酯等），可燃的蒸气遇明火会引起燃烧，易燃溶剂更不能直接倒入废物缸。

③ 加热时必须选择正确的加热方法，切勿使容器密闭，仪器装置要与大气相通，否则会造成爆炸。当附近有露置的易燃溶剂时，切勿点火。

④ 实验室冰箱内不得存储过量易燃有机溶剂，防止冰箱电火花引发大面积着火、爆炸。

⑤ 在反应中添加或转移有机溶剂时，不小心将液体洒出瓶外易被明火点燃，应及时熄灭或远离火源。倾倒后应立即把试剂瓶盖盖好。

在使用明火时，应养成先将易燃物质移开的习惯。

(2) 蒸馏装置不能漏气，如发现漏气应立即停止加热，检查原因。若塞子被腐蚀，则待冷却后，才能换掉塞子。接收瓶不宜用敞口容器，如广口瓶等，而应用窄口容器，如锥形瓶。从蒸馏装置接收瓶排出来的尾气的出口应远离火源，最好用橡皮管引入下水道或室外。

(3) 蒸馏或回流易燃低沸点液体时，一定要小心谨慎，不能粗心大意。特别是低沸点易燃溶剂，在室温时即具有较大的蒸气压，当空气中混杂易燃有机溶剂的蒸气达到某一极限时，遇用油浴加热蒸馏或回流时，必须避免冷凝用水溅入热油浴中致使油外溅到热源上而引起火灾的危险。通常发生危险的原因是橡皮管套进冷凝管不紧密，开动水阀过快，水流过猛把橡皮管冲出来，或者由于套不紧漏水。因此，橡皮管套入冷凝管侧管时要紧密，开动水阀时也要动作缓慢，使通入冷凝管内的水流慢慢通入。

表 1-1 列出了常用易燃溶剂蒸气的爆炸极限。

表 1-1　常用易燃溶剂蒸气的爆炸极限

名称	沸点/℃	闪燃点/℃	爆炸极限(体积分数)/%
甲醇	64.96	11	6.72～36.50
乙醇	78.5	12	3.28～18.95
乙醚	34.51	−45	1.85～36.50
丙酮	56.2	−17.5	2.55～12.80
苯	80.1	−11	1.41～7.10

(4) 当有大量可燃性液体需要处理时，应在通风橱中或指定地点进行，室内应无火源。

(5) 燃着的或者带有火星的火柴或纸条等不得随意丢弃，更不得丢入废物缸中，否则会发生危险事故。

2. 爆炸的预防

在有机化学实验室里一般预防爆炸的措施如下：

仪器装置必须安装正确，不能造成密闭体系，应使装置与大气相通；减压蒸馏时，不能用平底烧瓶、锥形瓶、薄壁试管等不耐压容器作为接收瓶或反应瓶，否则易发生爆炸,而应选用圆底烧瓶或抽滤瓶作为接收瓶。无论常压蒸馏还是减压蒸馏,均不能将液体蒸干,以免局部过热或产生过氧化物而发生爆炸。加压操作时应经常注意釜内压力有无超过安全负荷,选用封管的玻璃管厚度是否适当、管壁是否均匀,并要有一定的防护措施。

切勿使燃易爆的气体(如氢气、乙炔等)接近火源。表 1-2 列出了一些易燃气体的爆炸极限。

表 1-2 易燃气体的爆炸极限

气体		空气中的含量(体积分数)/%
氢气	H_2	4~74
一氧化碳	CO	12.5~74.2
氨	NH_3	15~27
甲烷	CH_4	4.5~13.1
乙炔	CH≡CH	2.5~80

3. 中毒的预防

大多数化学药品具有一定的毒性。中毒主要是通过呼吸道和皮肤接触有毒物品而对人体造成危害。许多化合物对人体有不同程度的毒害,在没有真正了解某一化合物的性质之前,应将其作为有毒物质对待处理。因此预防中毒应做到:

(1) 称量药品时应使用工具,不得直接用手接触,尤其是毒品。称量时不要沾污其他地方,应及时清洗用过的器皿。做完实验后,应将手洗干净后再吃东西。任何药品不能用嘴尝。

(2) 试剂取完后立即盖好盖子,以防止其蒸气大量挥发,并保持空气流通,使空气中有毒气体的浓度降至允许浓度以下。表 1-3 列出了急性毒性的五个等级。

表 1-3 急性毒性的五个等级

毒性级别名称	$LD_{50}/(mg\cdot kg^{-1})$ (大鼠经口)	$LD_{50}/(mg\cdot kg^{-1})$ (大鼠吸入)	$LD_{30}/(mg\cdot kg^{-1})$ (兔经皮时)	对人的可能致死量	
				$/(g\cdot kg^{-1})$	总量 $/[g\cdot (60kg 体重)^{-1}]$
剧毒	<1	<10	<5	0.05	0.1
高毒	1~50	10~100	5~44	0.05~0.5	3
中等毒	50~500	100~1000	44~350	0.5~5	30
低毒	500~5000	1000~10000	350~2180	5~15	250
微毒	>5000	>10000	>2180	>15	<1000

(3) 剧毒药品应妥善保管，不许乱放，实验中所用的剧毒物质应有专人负责收发，并向使用毒物者提出必须遵守的操作规程。实验后的有毒残渣必须做妥善而有效的处理，不准乱丢。

(4) 有些剧毒物质会渗入皮肤，因此接触这些物质时必须戴橡皮手套操作，操作后应立即洗手，切勿让毒品沾及五官或伤口。例如，氰化钠沾及伤口后就会随血液循环至全身，严重的会造成中毒甚至死亡。

4．事故处理

(1) 着火：要保持冷静，不能惊慌失措。应将火源或电源切断，并迅速移去易燃物品，用砂或适宜的灭火器将火扑灭。无论使用哪一种灭火器材，都应从火的四周向中心扑灭火焰。

(2) 灼伤：浓酸、浓碱等灼伤时，立即用大量自来水冲洗，然后按以下步骤处理。酸灼伤时，水冲洗后用 3%～5%碳酸氢钠(或肥皂水、稀氨水)溶液处理，涂上凡士林或其他药物；碱灼伤时，水冲洗后用 1%乙酸或 5%硼酸溶液处理，涂凡士林或其他药物。一旦酸、碱溅入眼内，应用大量水冲洗，再用 1%碳酸氢钠溶液或 1%硼酸溶液冲洗，最后用水洗。

(3) 烫伤：轻者可用稀甘油、万花油、蓝油烃等涂抹患处。重者可用蘸有饱和苦味酸溶液(或饱和高锰酸钾溶液)的棉球或纱布敷患处，必要时到医院处理。切忌用水冲洗。

(4) 创伤：玻璃、铁屑等刺伤时，先取出异物，再用 3%过氧化氢溶液或红汞、碘酒等涂抹、包扎。如遇出血过多或刺入的异物太深，应到医院处理。

(5) 毒物误入口内：可取 5mL 或 10mL 稀硫酸铜溶液，加入一杯温水中，内服后用食指伸入咽喉，促使呕吐，然后立即送医院治疗。

(6) 人体触电：应立即切断电源，或用非导体将电线从触电者身上移开。如有休克现象，应将触电者移到有新鲜空气处立即进行人工呼吸，并请医生到现场抢救。

1.3 有机化学实验常用的仪器和装置

1.3.1 有机化学实验室常用的玻璃仪器

有机化学实验玻璃仪器(图 1-1 和图 1-2)，按其口塞是否标准及磨口分为普通玻璃仪器及标准磨口玻璃仪器两类。标准磨口玻璃仪器由于可以相互连接，使用时既省时、方便，又严密安全，将逐渐代替同类普通玻璃仪器。使用玻璃仪器皆应轻拿轻放。容易滑动的仪器(如圆底烧瓶)，不要重叠放置，以免打破。

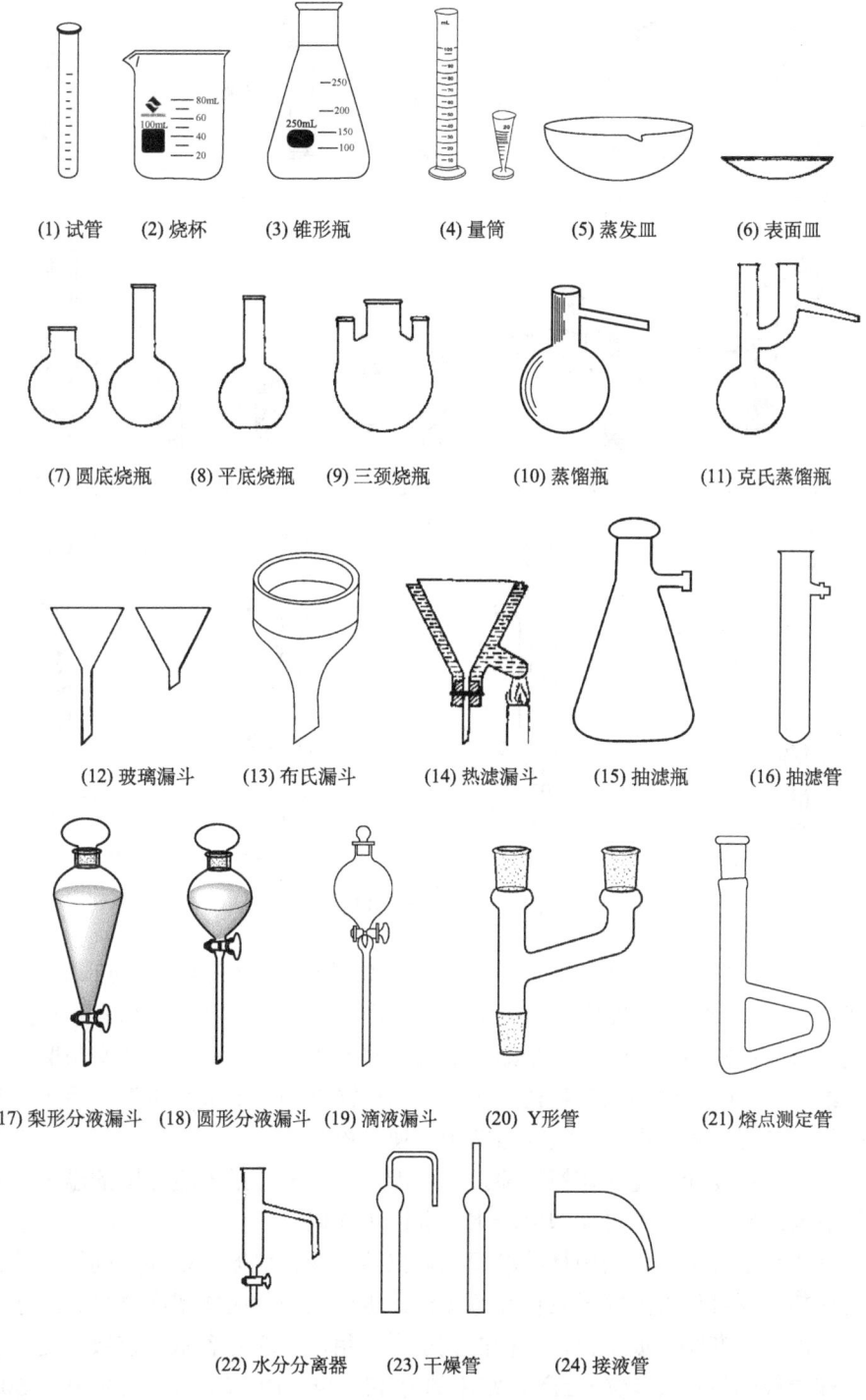

图 1-1　普通玻璃仪器

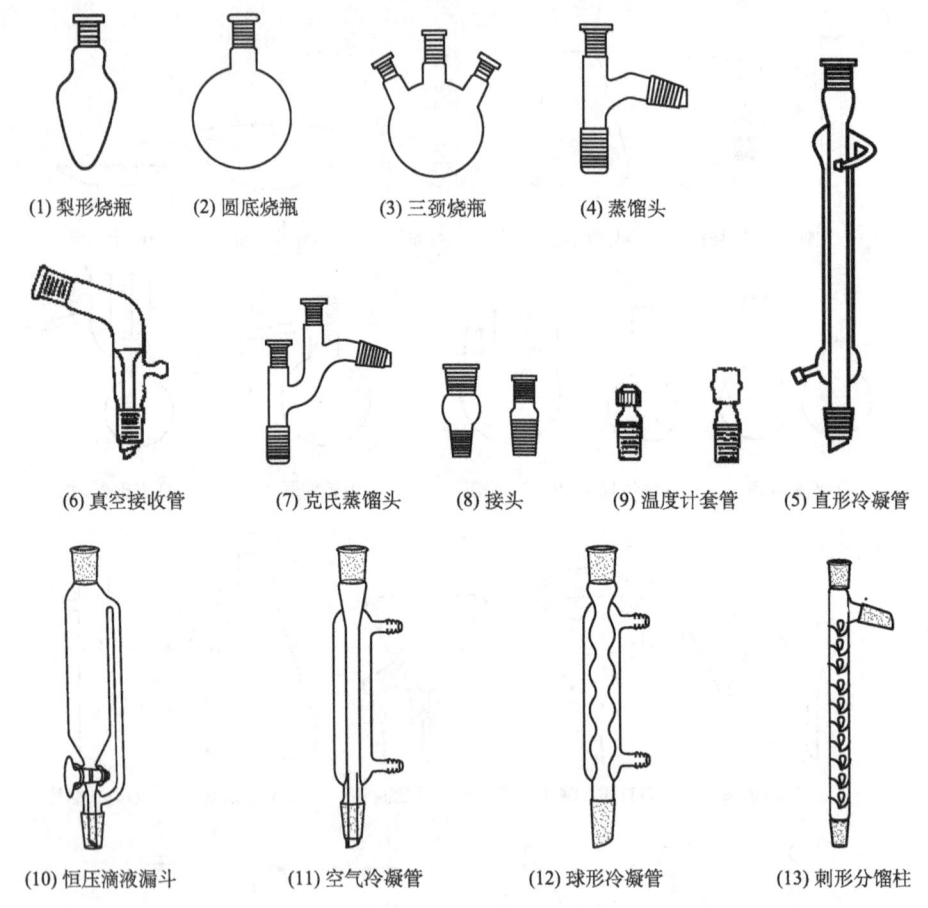

图 1-2　标准磨口玻璃仪器

除试管、烧杯等少数玻璃仪器外,一般都不能直接用火加热。锥形瓶不耐压,不能作减压用。厚壁玻璃器皿(如抽滤瓶)不耐热,故不能加热。广口容器(如烧杯)不能储放易挥发的有机溶剂。带活塞的玻璃器皿用过洗净后,在活塞与磨口间应垫上纸片,以防粘住。如已粘住可在磨口四周涂上润滑剂或有机溶剂后用电吹风吹热风,或用水煮后再用木块轻敲塞子,使之松开。

此外,温度计不能用作搅拌棒,也不能用来测量超过刻度范围的温度。温度计用后要缓慢冷却,不可立即用冷水冲洗以免炸裂。

有机化学实验最好采用标准磨口玻璃仪器。这种仪器可以和相同编号的磨口相互连接,既可免去配塞子及钻孔等操作,也能免去反应物或产物被软木塞或橡皮塞沾污。标准磨口玻璃仪器口径的大小通常用数字编号表示,该数字是指磨口最大端直径的整数(单位 mm),常用的有 10、14、19、24、29、34、40、50 等。有时也用两组数字表示,另一组数字表示磨口的长度。例如,14/30 表示此磨口直径最大处为 14mm,磨口长度为 30mm。相同编号的磨口、磨塞可以紧密连接。有时两个玻璃仪器因磨口编号不同无法直接连接时,则可借助不同编号的磨口接头(或称大小头)[图 1-2(8)]使之连接。

使用标准磨口玻璃仪器时注意:

(1) 磨口处必须洁净,若沾有固体杂物,会使磨口对接不严密,导致漏气。若有硬质杂物,更会损坏磨口。

(2) 用后应拆卸洗净。否则,若长期放置,磨口的连接处常会粘牢,难以拆开。

(3) 一般用途的磨口无需涂润滑剂,以免沾污反应物或产物。若反应中有强碱,则应涂润滑剂,以免磨口连接处因碱腐蚀粘牢而无法拆开。减压蒸馏时,磨口应涂真空脂,以免漏气。

(4) 安装标准磨口玻璃仪器装置时,应注意安装正确、整齐、稳妥,使磨口连接处不受歪斜的应力,否则易将仪器折断,特别在加热时,仪器受热,应力更大。

1.3.2 有机化学实验室常用装置

1. 普通蒸馏装置

蒸馏是分离沸点相差较大的液体和除去有机溶剂的常用方法。常用普通蒸馏装置如图 1-3 所示。

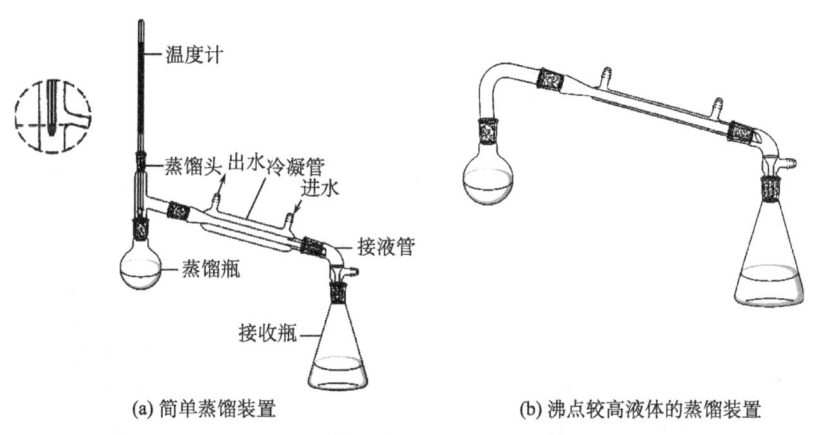

(a) 简单蒸馏装置　　(b) 沸点较高液体的蒸馏装置

图 1-3　普通蒸馏装置(标准接口仪器)

2. 减压蒸馏

在低于常压下进行的蒸馏称为减压蒸馏。它是分离和纯化高沸点或不稳定有机物的重要方法之一。减压蒸馏装置如图 1-4 所示。

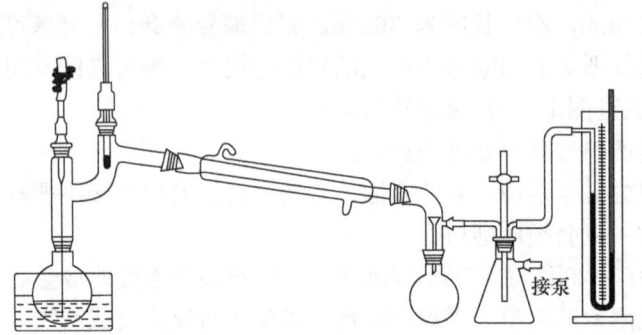

图 1-4　减压蒸馏装置(标准接口仪器)示例

3. 回流装置

很多有机化学反应需要在反应体系的溶剂或液体反应物的沸点进行，这时就要用回流装置，图 1-5 是几种常见的回流装置，图 1-6 是回流滴加装置。

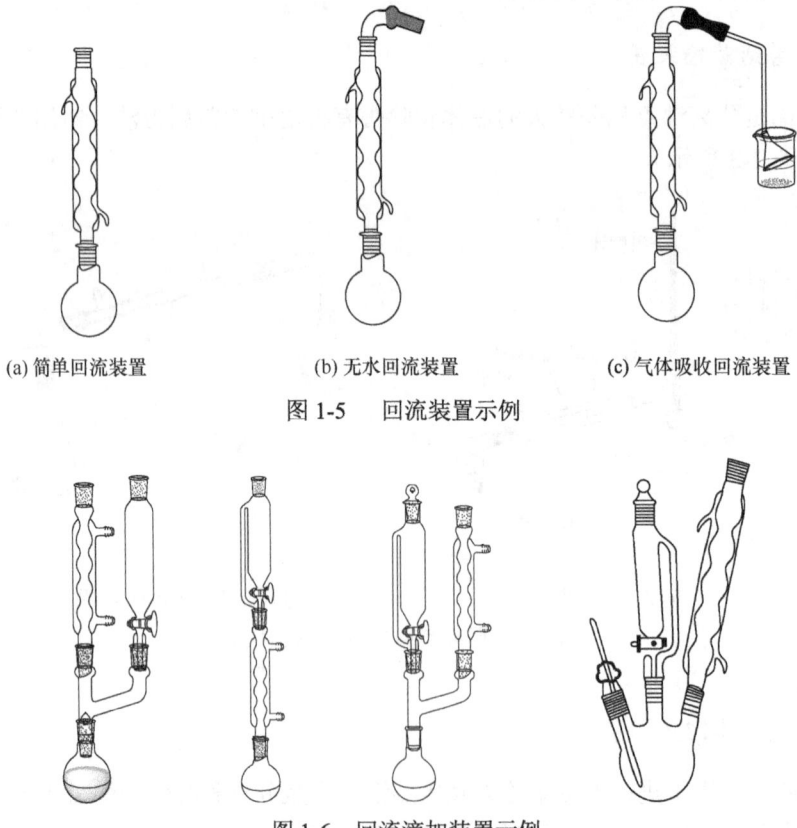

(a) 简单回流装置　　(b) 无水回流装置　　(c) 气体吸收回流装置

图 1-5　回流装置示例

图 1-6　回流滴加装置示例

4. 简单分馏

沸点相差较小或沸点接近的液体混合物的分离和提纯则采用分馏的方法。图 1-7 是实验室常用的简单分馏装置。

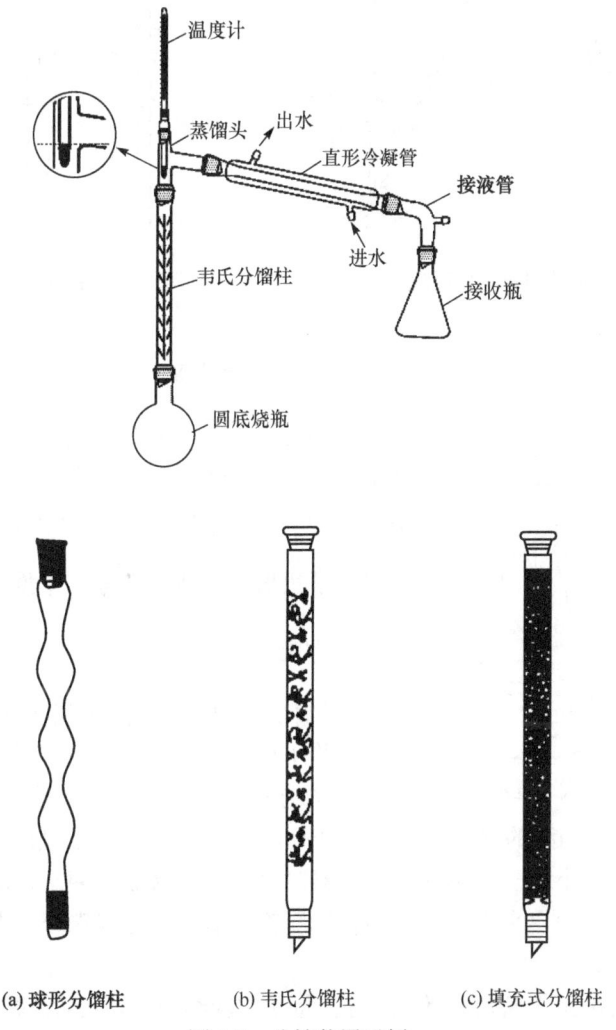

(a) 球形分馏柱　　(b) 韦氏分馏柱　　(c) 填充式分馏柱

图 1-7　分馏装置示例

5. 搅拌装置

如果反应在非均相中进行，或反应物之一是逐渐滴加，或反应物是固体，在这些情况下均需进行搅拌操作。图 1-8 是常见的几种搅拌装置，图 1-9 是搅拌棒密封示意图。

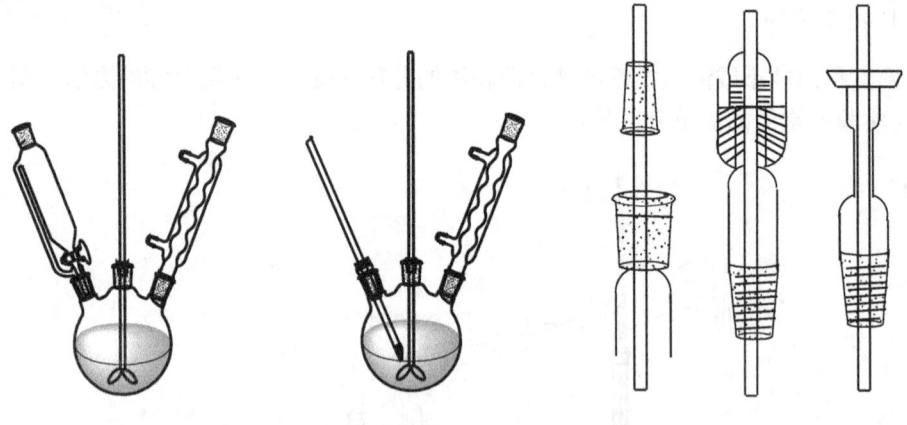

图1-8　机械搅拌-回流装置示例　　　　图1-9　搅拌棒密封装置示例

6. 气体吸收装置

一些反应过程中会产生刺激性或有毒的气体，必须除去，不可释放于空气中，以免污染空气引起中毒。图1-10是两种常见的气体吸收装置。

1.3.3 常用玻璃器皿的洗涤、干燥和保养

1. 仪器的清洗

有机化学实验中，为了避免杂质混入反应物中，实验用仪器必须清洁干燥。清洗玻璃仪器最简

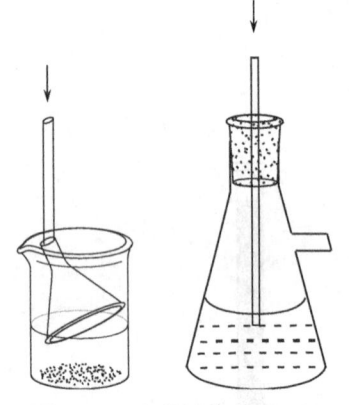

图1-10　气体吸收装置示例

单常用的方法就是用长柄毛刷（试管刷）蘸上皂粉或去污粉，刷洗润湿的器壁，直至玻璃表面的污物除去为止，最后用自来水清洗。有时去污粉的微小粒子会黏附在玻璃器皿壁上，不易被水冲走，此时可用 2%盐酸摇洗一次，再用自来水清洗。当仪器倒置，器壁不挂水珠时，即已洗净，可供一般实验使用。

为了使清洗工作简便有效，最好在每次实验结束后，立即清洗使用过的仪器。清洗方法有以下几种。

铬酸洗液氧化性很强，对有机污垢破坏力很强。倾去器皿内的水，慢慢倒入洗液，转动器皿，使洗液充分浸润不干净的器壁，数分钟后把洗液倒回洗液瓶中，再用自来水冲洗器皿。若壁上沾有少量炭化残渣，可加入少量洗液，浸泡一段时间后再在小火上加热，直至冒出气泡，炭化残渣可被除去。但当洗液颜色变绿时，表示洗液已经失效。

碱性残渣可用稀盐酸或稀硫酸溶解；酸性残渣可用稀的氢氧化钠溶液清洗。

残渣为焦油状物时，可选用丙酮、乙醚、甲苯浸泡，但要加盖以免溶剂挥发。此外也可用 NaOH 的乙醇溶液洗涤。用有机溶剂作为洗涤剂时，必须回收重复使用。反对盲目使用各种化学试剂和有机溶剂清洗仪器。这样不仅造成浪费，而且还可能带来危险。

有机实验室中常用超声波清洗仪洗涤玻璃仪器，既省时又方便。只要把用过的仪器放在配有洗涤剂的溶液中，接通电源，利用超声波的振动和能量，即可达到清洗仪器的目的。清洗过的仪器再用自来水漂洗干净即可。

若用于精制产品，或供有机分析用的仪器，则还需用蒸馏水摇洗，以除去自来水冲洗时带入的杂质。

2. 仪器的干燥

晾干：将清洁的仪器倒置，水珠易流下，干燥得快。

烘干：放入烘箱的仪器应除去软木塞或橡皮塞，带有磨口玻璃塞的仪器也应拔出塞子。仪器口应向上，烘箱温度 100~120℃。取出烘干仪器前最好使烘箱冷至室温。

吹干：如急需用少量干燥仪器，可用气流干燥器或电吹风吹干。

3. 仪器的保养

温度计：温度计水银球部位玻璃很薄，容易打破，使用时要格外小心。温度计不可作搅拌棒使用，也不能测定超过温度计最高刻度的温度。温度计用后应使其慢慢冷却，特别是在测量高温之后，切勿立即用冷水冲洗。使用过的温度计待其冷却后洗净、擦干、收好。

冷凝管：冷凝管通水后较重，安装冷凝管时应将夹子夹紧冷凝管的重心处。洗涤冷凝管时要用长毛刷。洗净后应直立倒置，便于晾干。

分液漏斗和滴液漏斗：分液漏斗和滴液漏斗的活塞和盖子都是磨口的，若是非原配的，可能不严密而滴漏，所以使用时要注意保护。各个漏斗之间也不要互相调换塞子。用后一定要在活塞和磨口间垫上纸片，以免日久难以打开。分液漏斗和滴液漏斗用后必须拔出塞子和活塞，擦净上面的润滑油，洗净后再放入烘箱烘干。

4. 仪器的选择

(1) 塞子的选择。橡皮塞塞得严密，但能被某些有机溶剂溶解，此时可改用软木塞。软木塞的缺点是比较疏松，塞不严密。塞子的大小应恰好与仪器的颈口相适，使瓶塞插入瓶口部分不少于塞子高度的 1/3、不大于 2/3。软木塞钻孔前需在压塞机内压紧，防止在钻孔时塞子裂开。在钻橡皮塞时，选择打孔器的口径应与管子口径相等，打孔器的前部最好涂上肥皂水、甘油或凡士林，使其容易钻入。向孔内插玻璃管或温度计前，可用圆锉先将孔洞修光，再在玻璃管或温度计的前部敷以水或甘油，然后用手紧握靠近塞子处的玻璃管或温度计，逐渐旋转插入。

(2) 仪器的选择。选择仪器的依据是反应物的体积、反应的条件及反应物或生成物的物理化学性质。

① 选择反应瓶，应使反应体积不超过其容积的 2/3，一般为 1/2。

② 回流反应一般采用圆底烧瓶和球形冷凝器；回流搅拌并控制反应温度时用三颈烧瓶。

③ 蒸馏操作需用蒸馏瓶；减压蒸馏采用减压蒸馏瓶(克氏蒸馏头接在圆底烧瓶上)。

④ 被蒸馏物的沸点低于 130℃用直形冷凝管，高于 130℃用空气冷凝管。

⑤ 选择温度计，一般根据反应温度选用高于反应温度 10℃、20℃的温度计。水银温度计适用于测量 30~300℃的物质。温度低于 –38℃时常用内装有机液体的低温温度计(因水银会凝固)。

1.4 有机化学实验室常用设备及使用

1.4.1 加热

一般情况下，化学反应的速率随温度的升高而加快。大体上反应温度每升高 10℃，反应速率就会增加一倍。此外，有机化学实验的许多基本操作(如回流、蒸馏、溶解、重结晶、熔融等)都需要加热。实验室常用的加热设备有煤气灯、酒精灯、电热套和封闭电炉等。但玻璃仪器一般很少用火焰直接加热，为了保证加热均匀和操作安全，经常选用合适的热浴进行间接加热。

水浴：水浴(图 1-11)是最安全和方便的热源，100℃以下的反应或后处理大多可用水浴加热。

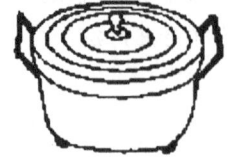

图 1-11　水浴锅

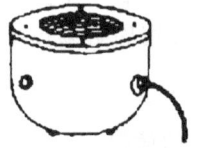

图 1-12　电热套

电热套：电热套(图 1-12)是由玻璃纤维包裹的电热丝编织而成，外接调压变压器以调节加热温度。它的优点是安全、方便。但一种规格加热器只适用于一定容积的烧瓶，故需配备几种尺寸的电热套。用电热套加热时必须注意温度控制，稍微疏忽就会使升温过高而影响反应。

油浴：油浴的构造也简单，在结晶皿或陶瓷皿中加入油并安置电热丝，然后再和调压变压器连接。有时也应用磁力搅拌来保持油浴温度均匀（图1-13）。油浴所用的油有甘油、植物油和液体石蜡（适于150℃以下的加热）。最好使用硅油，可加热至250℃以上，但价格较贵。油浴使用方便、安全，容器内的反应物受热均匀，加热温度范围广。

红外灯：红外灯适用于加热较低温度的反应，也比较安全。

砂浴：当加热温度在250~350℃时应采用砂浴。但由于砂浴温度分布不均匀，且传热慢，温度上升慢，散热又太快，因此使用范围有限。

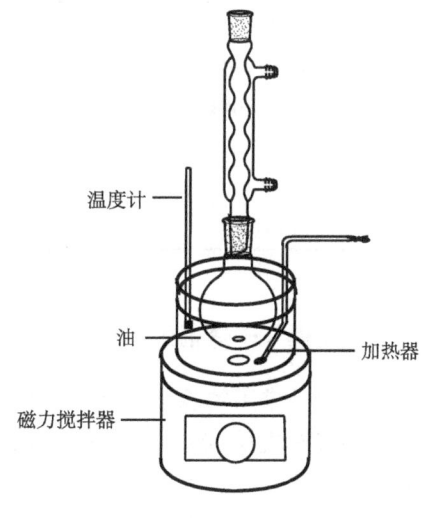

图1-13 油浴锅

盐浴：用铁锅装等质量比的硝酸钾及硝酸钠混合物即为盐浴。使用温度范围为220~680℃。注意盐浴中切勿溅入水。用过后的盐浴冷却后保存于干燥器中。

1.4.2 冷却

根据一些实验对低温的要求，在操作中需使用冷却剂。以下几种情况应使用冷却剂：

（1）一些反应的中间体在室温下是不稳定的，这时反应需在特定的低温条件下进行，如重氮化反应，一般在0~5℃下进行。

（2）反应放出大量的热，需要降温来控制反应速率。

（3）为了降低固体物质在溶剂中的溶解度，以加速结晶的析出。

（4）为了减少损失，把一些沸点很低的有机物冷却。

（5）高度真空蒸馏装置。

低于室温的反应、分离和提纯等可用水浴、冰水浴、冰盐浴。液氮或干冰和溶剂的混合物则适用于极低温度进行的反应。在搅拌下将液氮慢慢倒入有机溶剂中直至形成油膏状即为所需冷却剂，在使用时可随时添加液氮以保持冷却温度。干冰和有机溶剂也可配制成冷却剂，将干冰碎块加入溶剂中即可，操作时应经常添加干冰以保持冷却。常用的冷却剂见表1-4。

表 1-4 常用冷却剂的组成及冷却温度

冷却剂	温度/℃	冷却剂	温度/℃
碎冰(或冰-水)	0	液氮-甲苯	−95
碎冰(3 份)-氯化钠(1 份)	−20	干冰-乙醚	−100
干冰-四氯化碳	−30	液氮-乙醚	−116
液氮-氯苯	−45	液氮-异戊烷	−160
干冰-乙醇	−72	液氮	−196
干冰-丙酮	−78		

1.4.3 干燥与干燥剂的使用

干燥是常用的除去固体、液体或气体中少量水分或少量有机溶剂的方法。例如，很多有机反应需要在绝对无水条件下进行，所用的原料及溶剂均应该是干燥的；一些化合物含有水分，在加热时会变质，故在蒸馏或重结晶时也必须进行干燥；有机化合物在进行定性或定量分析、波谱分析之前均需干燥才会有准确结果；一些有机化合物会与少量水形成共沸混合物或与水反应而影响产品纯度。因此，干燥是最常用且十分重要的基本操作之一。

1. 干燥剂去水基本原理

有机化合物的干燥方法可分为物理方法和化学方法两种。物理方法有烘干、晾干、吸附、冷冻、分馏、共沸蒸馏等。近些年来，还常用离子交换树脂和分子筛等方法进行干燥。化学方法是利用干燥剂脱水，根据脱水作用可分为两类：能与水可逆性结合，形成水合物，例如：

$$CaCl_2 + 6H_2O \longrightarrow CaCl_2 \cdot 6H_2O$$

与水发生不可逆的化学反应，生成新的化合物，如五氧化二磷、氧化钙、金属钠分别与水反应生成磷酸、氢氧化钙、氢氧化钠。

2. 气体的干燥

要除去气体中的水，可使其通过充满无水氯化钙或固体氢氧化钾的干燥塔［图1-14(a)］，或者通过装有浓硫酸的洗瓶［图1-14(b)］。

为了防止空气中的潮气进入反应系统，在空气的可能入口处需要装上填满干燥剂的干燥管。常用的干燥剂为无水氯化钙，它容易吸收水分，但吸水后会结成块状将干燥管堵塞。每次用过后的干燥管应保存在干燥器中防止吸潮。如管中氯化钙已潮解，则需重新装管。

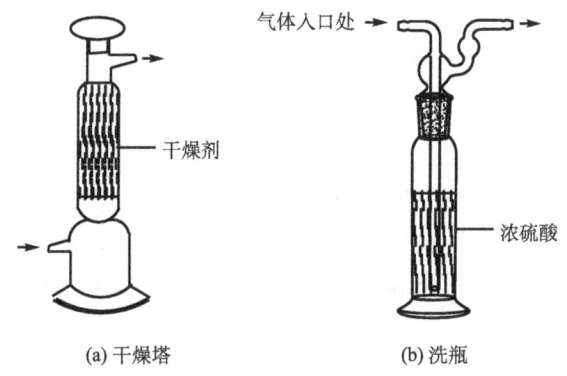

图 1-14 干燥塔和气体洗瓶

3. 固体有机化合物的干燥

重结晶得到的固体常带水分或有机溶剂,应根据化合物性质选择适当的方法进行干燥。

晾干:这是最简便的干燥方法。把要干燥的固体先放在瓷孔漏斗中的滤纸上,或在滤纸上面压干,然后在一张滤纸上面薄薄地摊开,用另一张滤纸覆盖起来,让它在空气中慢慢地晾干。

加热干燥:热稳定的固体化合物可以放在烘箱内或红外灯下干燥,加热的温度切忌超过该固体的熔点,以免固体变色或分解,如需要则在真空恒温干燥箱中干燥。

干燥器干燥:易吸湿或较高温度下干燥时会发生分解或变色的固体化合物可用干燥器干燥。干燥器有普通干燥器、真空干燥器和真空恒温干燥器(图 1-15)。

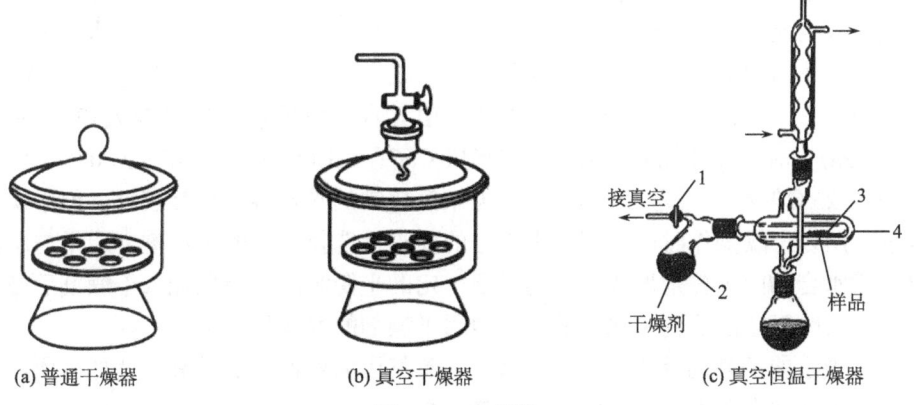

图 1-15 干燥器

1. 真空阀;2. 干燥管;3. 样品管;4. 夹层

4. 液体有机化合物的干燥

1) 干燥剂去水

(1) 干燥剂的选择。

液体有机化合物的干燥，通常是用干燥剂直接与其接触，因此干燥剂与被干燥的液体有机化合物不发生化学反应，包括溶解、配位、缔合和催化等作用。例如，酸性物质不能使用碱性干燥剂，而碱性物质则不能使用酸性干燥剂。常用的干燥剂见表1-5。

表1-5　各类有机物常用的干燥剂

化合物	干燥剂
烃	$CaCl_2$、Na、P_2O_5
卤代烃	$CaCl_2$、$MgSO_4$、Na_2SO_4、P_2O_5
醇	K_2CO_3、$MgSO_4$、CaO、Na_2SO_4
醚	$CaCl_2$、Na、P_2O_5
醛	$MgSO_4$、Na_2SO_4
酮	K_2CO_3、$CaCl_2$、$MgSO_4$、Na_2SO_4
酸、酚	$MgSO_4$、Na_2SO_4
酯	$MgSO_4$、Na_2SO_4、K_2CO_3
胺	KOH、NaOH、K_2CO_3、CaO
硝基化合物	$CaCl_2$、$MgSO_4$、Na_2SO_4

当选用与水结合生成水合物的干燥剂时，必须考虑干燥剂的吸水容量和干燥效能。吸水容量是指单位质量干燥剂所吸收的水的质量，干燥效能指达到平衡时液体被干燥的程度。例如，无水硫酸钠可形成 $Na_2SO_4 \cdot 10H_2O$，即 1g Na_2SO_4 最多能吸 1.27g 水，其吸水容量为 1.27，但其水合物的蒸气压也较大(25℃时为255.98Pa)，故干燥效能差。氯化钙能形成 $CaCl_2 \cdot 6H_2O$，其吸水容量为 0.97，此水合物在 25℃的蒸气压为 39.99Pa，故无水氯化钙的吸水容量虽然较小，但干燥效能强，所以干燥操作时应根据除去水分的要求而选择合适的干燥剂。通常与水结合生成水合物的干燥剂形成水合物需要一定的平衡时间，所以加入干燥剂后必须放置一段时间才能达到脱水的效果。常用干燥剂的性能见附录3。

已吸水的干燥剂受热后又会脱水，其蒸气压随着温度的升高而增加，所以对已干燥的液体在蒸馏之前必须把干燥剂滤去。

(2) 干燥剂的用量。

掌握好干燥剂的用量是很重要的。若用量不足，则不可能达到干燥的目的；

若用量太多，则由于干燥剂的吸附而造成液体的损失。以乙醚为例，水在乙醚中的溶解度在室温时为1%～1.5%，若用无水氯化钙干燥100mL含水乙醚时，全部转变成$CaCl_2·6H_2O$，其吸水容量为0.97，也就是说1g无水氯化钙大约可以吸收0.97g水，这样，无水氯化钙的理论用量至少要1g，而实际上远超过1g，这是因为醚层中还有悬浮的微细水滴，其次形成高水合物需要很长的时间，往往不可能达到应有的吸水容量，故实际投入的无水氯化钙是大大过量的，常需用7～10g无水氯化钙。实际操作时，一般投入少量干燥剂到液体中，进行振摇，如出现干燥剂附着器壁或相互黏结时，则说明干燥剂用量不够，应再添加干燥剂；如投入干燥剂后出现水相，必须用吸管把水吸干，然后再添加新的干燥剂。干燥前，液体呈浑浊状，经干燥后变澄清，这可简单地作为水分基本除去的标志。一般干燥剂的用量为每10mL液体需0.5～1g。

2) 分子筛去水

分子筛是一种含水硅铝酸盐的晶体，把它加热至一定的温度，水分子就可被脱去，而晶体内部就形成许多孔穴。在用分子筛干燥有机溶剂时，水分子就可进入这些孔穴而达到干燥的目的(水分子的直径为3Å，分子直径最小的有机化合物甲烷的分子直径为4.9Å)。吸附了水分子的分子筛可加热至350℃以上使水分子解吸，然后重新使用。新的分子筛使用前必须先活化脱水(温度为550℃±10℃，常压下加热1h，待温度降至200℃后立即取出存放于干燥器内备用)。如果有机溶剂含水较多，应先用其他干燥剂脱水，剩下微量的水分再用分子筛脱水。

3) 分馏及共沸去水

采用分馏和生成共沸混合物的方法除去少量水分。

1.4.4 有害气体的吸收

一些化学反应会产生一些挥发性的有毒或刺激性物质，这些反应必须在通风良好的通风橱内操作。此外，反应中产生的有毒或刺激性水溶性气体(如氯化氢、溴化氢、二氧化硫和氨等)可用图1-10所示的装置吸收。图中倒置的漏斗和吸收液面应有一小段距离，避免气体被吸收后整个系统产生负压将吸收液倒吸入反应瓶中。

1.4.5 溶剂的除去

有机化学实验中常需要除去溶剂(浓缩)。常压蒸馏可以除去溶剂，但只适用于沸点较低的一些溶剂，如乙醚、丙酮、氯仿等。沸点较高的溶剂一般用减压浓缩除去。此法不但速度快，而且蒸馏时温度低，可避免产物分解或颜色变深。减压浓缩常用的设备是旋转蒸发仪(图1-16)，这种仪器使用方便、效率高，可以连续进料，除去溶剂后的产物均匀地聚集在瓶的底部。旋转蒸发仪运转时蒸馏瓶应始终浸在热浴的浅表层内，这样在浓缩过程中溶液不会暴沸，同时可加快蒸发速度。

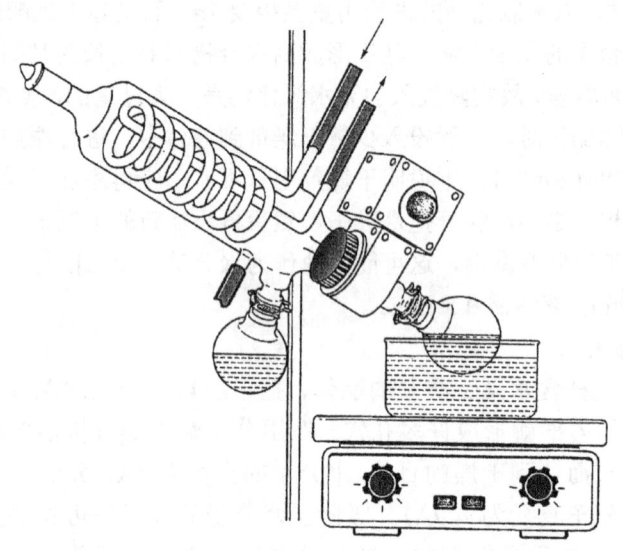

图1-16　旋转蒸发仪

1.4.6　搅拌

电动搅拌器(图1-17)在有机化学实验中用得比较多。使用此种搅拌器时应注意接上地线，不能超负荷。要经常保持电动搅拌器的清洁，防潮、防腐蚀，并要经常保持轴承转动润滑。在装配机械搅拌时，可采用简单的橡皮管密封或液封管[图1-17(a)]。搅拌棒与玻璃管或液封管应配得合适，既不能太松又不能太紧，使搅拌棒能在中间自由地转动。磁力搅拌器是通过搅拌器内磁场的不断旋转带动容器内搅拌子随之旋转，从而达到搅拌的目的，一般可控制转速和加热[图1-17(b)]。

1.4.7　调压变压器

调压变压器(图1-18)的主要用途是通过调节电压来调节电炉的加热温度或搅拌器的转动速率等。

使用调压变压器时要注意接好地线，输入端与输出端不能接错，不要超负荷。在调节电压时要缓慢均匀，实验结束后要旋转到零，拔去电源，保持变压器的干燥清洁。

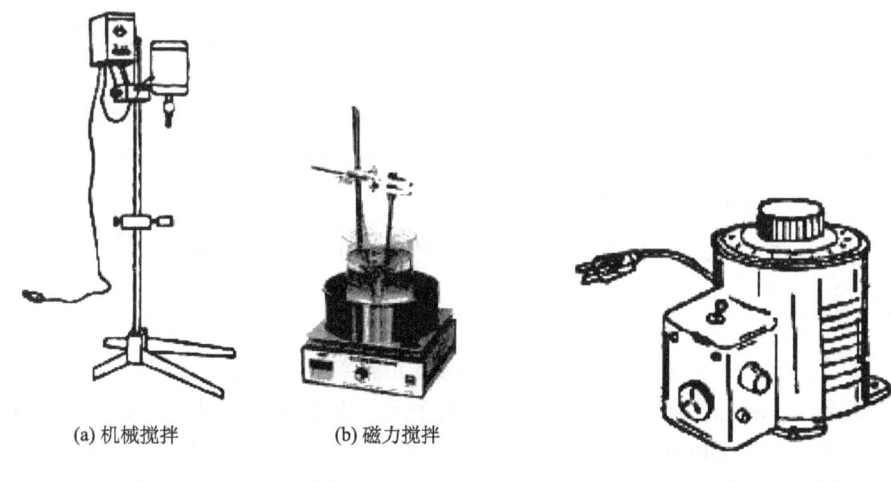

图 1-17 电动搅拌器　　　　　图 1-18 调压变压器

(a) 机械搅拌　　(b) 磁力搅拌

1.4.8 循环水多用真空泵

循环水多用真空泵是以循环水作为流体,利用射流产生负压的原理而设计的一种新型多用真空泵,广泛用于蒸发、蒸馏、结晶、过滤、减压和升华等操作中。由于水可以循环使用,避免了直排水的现象,节水效果明显,因此是实验室理想的减压设备。水泵一般用于对真空度要求不高的减压体系。图 1-19 为 SHB-Ⅲ型循环水多用真空泵的外观示意图。

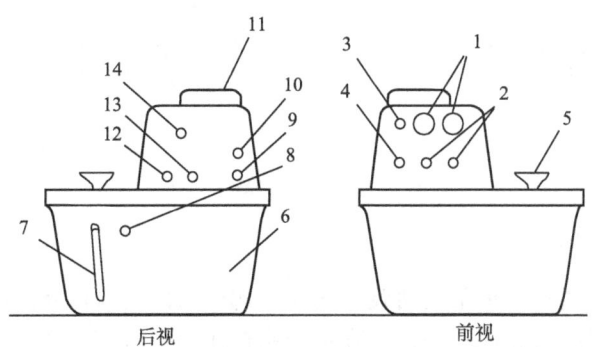

后视　　　　　前视

图 1-19 SHB-Ⅲ型循环水多用真空泵外观示意图

1. 真空表；2. 抽气口；3. 电源指示灯；4. 电源开关；5. 水箱上盖手柄；6. 水箱；7. 放水软管；8. 溢水嘴；9. 电源线进线孔；10. 保险座；11. 电机风罩；12. 循环水出水嘴；13. 循环水进水嘴；14. 循环水开关

使用时应注意：

(1) 真空泵抽气口最好接一个缓冲瓶，以免停泵时水被倒吸入反应瓶中，使反应失败。

(2) 开泵前，应检查是否与体系接好，然后打开缓冲瓶上的旋塞。开泵后，用旋塞调至所需要的真空度。关泵时，先打开缓冲瓶上的旋塞，拆掉与体系的接口，再关泵。切忌相反操作。

(3) 应经常补充和更换水泵中的水，以保持水泵的清洁和真空度。

1.4.9 油泵

油泵(图1-20)的效能通常取决于油泵的机械结构及泵油的好坏。一般使用精炼的高沸点矿物油作泵油。减压蒸馏的整个系统既要畅通又要密封，连接各种仪器应尽量靠近，所以在实验室内可用一个小推车(图1-21)，这样既便于移动，又不占用实验台面。

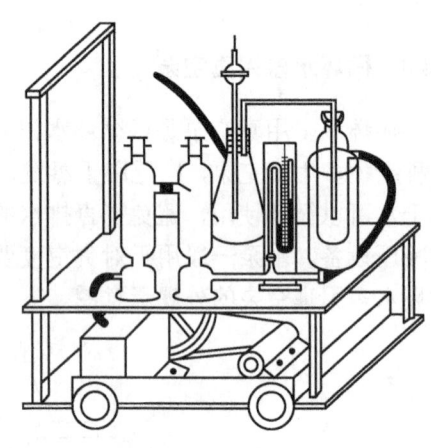

图1-20 旋片式真空泵　　　　　图1-21 真空泵车

1.4.10 真空压力表

真空压力表通常与水泵或油泵连接在一起使用，测量体系内的真空度。常用的压力表是水银压力计(图1-22)。在使用水银压力计时应注意：停泵时，先慢慢打开缓冲瓶上的放空阀，再关泵。否则，由于汞的密度较大($13.9g \cdot m^{-3}$)，在快速流动时会冲破玻璃管而喷出，造成汞污染。在拉出和推进泵车时，应注意保护水银压力计。

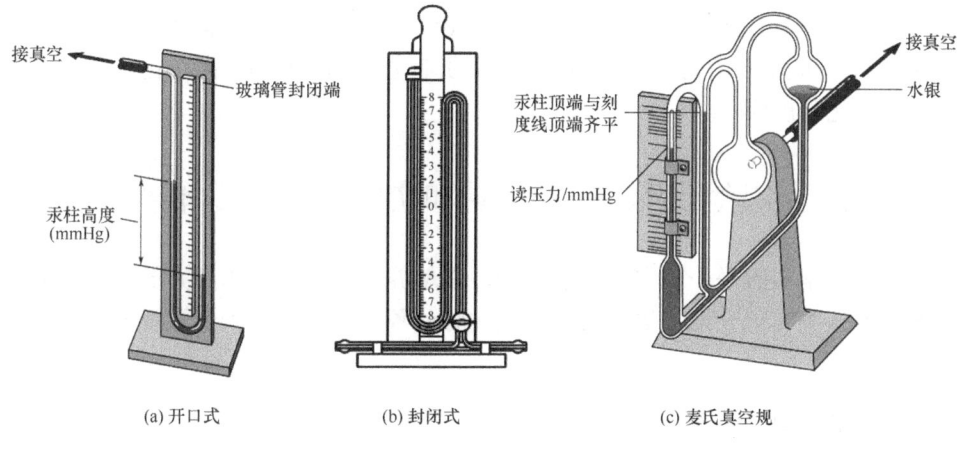

图 1-22 水银压力计

1.4.11 微波合成仪

近年来，微波辐射技术在有机合成中的应用日益广泛，通过微波辐射，反应物从分子内迅速升温，反应速率可提高几倍、几十倍甚至上千倍。同时，由于微波为强电磁波，产生的微波等离子中常存在热力学得不到的高能态原子、分子和离子，因而可使一些热力学上难以发生的反应得以顺利进行。利用微波技术进行有机合成，微波反应具有反应速率快、反应产率高等优点。图 1-23 是典型的微波合成反应器，该反应器主要由高精度温度传感器、不锈钢腔体、波导截止管、玻璃仪器和电磁搅拌转速调节旋钮等部件组成。

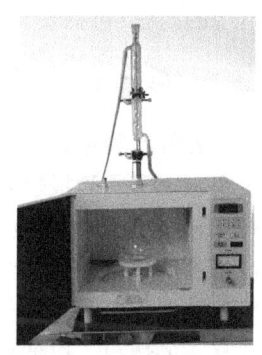

图 1-23 微波合成反应器

图 1-24 超声波清洗仪

1.4.12 超声波清洗仪

图 1-24 为实验室常见的超声波清洗仪。超声波对许多反应具有明显的促进作用，有些反应在一般条件下很难发生或需要催化剂存在方可进行，而在超声波辐射下可在较温和的条件下进行。超声波促进化学反应的机理还不十分清楚，一般认为，并非是声场与反应物在分子水平上直接作用的简单结果，因为超声波能量很低，不足以引起分子中化学键的断裂，关键在于超声波是机械波，作用于液体内部会形成肉眼很难观察到的微小气泡和空穴，

即产生空穴效应。空化气泡的寿命约 0.1μs，空化气泡在爆炸瞬间可产生高约 1000K 和 1000MPa 的局部高温高压，从而引起分子的热离解、离子化或产生自由基，引起化学反应。

1.5 实验预习、实验记录和实验报告的基本要求

有机化学实验是一门实践性的课程，是培养学生独立工作能力的重要环节。因此，要达到实验预期效果，必须做到实验前预习、做好实验记录及课后进行实验总结。

1.5.1 实验预习

实验之前学生必须进行预习，未进行预习的学生不能进行实验。实验预习要求：明确实验目的、反应及操作原理、有关化合物的物理常数(相对分子质量、性状、折光率、相对密度、熔点、沸点、溶解度)、反应装置、操作步骤。对于可能出现的问题(包括安全和实验结果)，要明确防范措施和解决方法。

1.5.2 实验记录

做好实验记录是培养学生科学作风及实事求是精神的重要环节，是研究实验内容、书写实验报告和分析实验成败的依据，因此实验时一定做好实际观察并记录实验全过程。学生必须养成一边进行实验一边直接在记录本上记录的习惯，不得事后凭记忆补写，或以零星纸条暂记再转抄。记录的内容包括加入药品的数量，仪器装置，每一步操作时间、内容和所观察的现象。记录要求实事求是，准确反映真实的情况，以便作为总结讨论的依据。应该牢记：实验记录是原始数据，必须重视。

1.5.3 实验报告

实验报告是对实验记录进行整理、总结，对实验中出现的问题从理论上加以分析和讨论，是感性认识提高到理论认识的必要步骤，也是科学实验中不可缺少的环节。实验报告要求统一格式，字迹工整、清晰，表达清楚，文字精练，实事求是，不得抄袭他人实验报告。

实验报告的内容包括：
(1) 实验目的。
(2) 反应原理和反应方程式。
(3) 实验仪器装置。
(4) 主要试剂及产物的物理常数，主要试剂用量及规格。

(5) 实验步骤及现象。

(6) 产物物理状态、产量、产率及最后总结讨论。

对于合成实验,产率的高低和质量的好坏是评价实验方法及考核学生实验技能的重要指标。

$$产率=实际产量/理论产量\times 100\%$$

实际产量是指实验中实际得到的纯粹产物的质量,简称产量。理论产量是假定反应物完全转化成产物,而根据反应方程式计算得到的产物质量。

第 2 章 基本操作实验

实验一 简单玻璃工操作

一、实验目的

(1) 了解酒精喷灯工作的原理及构造,能够规范使用酒精喷灯。
(2) 能够对酒精喷灯的简单故障及问题进行排查、修理。
(3) 能熟练进行玻璃管的切割、圆口、弯曲和拉伸。
(4) 能熟练进行玻璃棒、滴管的制作。

二、实验原理

1. 酒精喷灯的工作原理

酒精喷灯是实验中常用的热源,主要用于需加强热的实验、玻璃加工等。喷灯的火力主要靠酒精蒸气与空气混合后燃烧而获得高温火焰。

2. 酒精喷灯的构造

实验室用的挂式酒精喷灯由灯管、空气调节器、预热盆、螺旋盖、酒精储罐等部分构成(图 2-1)。火焰温度为 700~1000℃。

3. 酒精喷灯的火焰

酒精喷灯的火焰如图 2-2 所示。

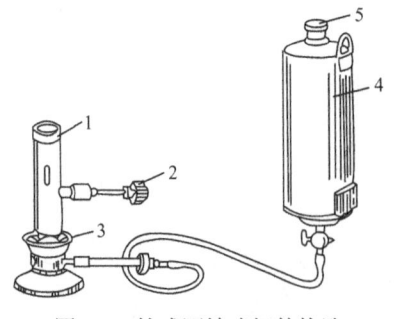   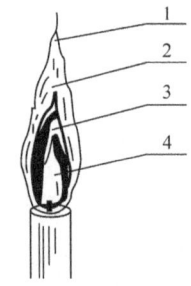

图 2-1 挂式酒精喷灯的构造　　　　　图 2-2 火焰结构图

1. 灯管;2. 空气调节器;3. 预热盆;4. 酒精储罐;5. 螺旋盖　　1. 氧化焰;2. 温度最高处;3. 还原焰;4. 焰心

4. 酒精喷灯的使用

(1) 将喷灯放在石棉网上，旋开加注酒精的螺旋盖，通过漏斗把酒精倒入酒精储罐。为了安全，酒精的量不可超过罐容积的 80%（约 200mL）。随即将盖旋紧，避免漏气。然后把灯身倾斜 70°，使灯管内的灯芯沾湿，以免灯芯烧焦。

(2) 灯管内的酒精蒸气喷口直径为 0.55mm，容易被灰粒等堵塞，堵塞后就不能引燃，所以每次使用前要检查喷口，如发现堵塞，应该用通针或细钢针把喷口刺通。

(3) 在预热盆内注入 2/3 容积的酒精，用火柴把酒精点燃，对灯管加热（此时要转动空气调节器把入气孔调到最小），待酒精气化从喷口喷出时，预热盆内燃烧的火焰便可把喷出的酒精蒸气点燃。如不能点燃，也可用火柴点燃。

(4) 当喷口火焰点燃后，再调节空气量，使火焰达到所需的温度。在一般情况下，进入的空气越多，也就是氧气越多，火焰温度越高。

(5) 熄灭喷灯，可用事先准备的废木板平压灯管上口，火焰即可熄灭，然后垫着布旋松螺旋盖（以免烫伤），使罐内温度较高的酒精蒸气逸出。

5. 使用注意事项

(1) 当罐内酒精剩 20mL 左右时，应停止使用，如需继续工作，要把喷灯熄灭后再增添酒精，不能在喷灯燃着时向罐内加注酒精，以免引燃罐内的酒精蒸气。

(2) 使用喷灯时如发现罐底凸起，要立即停止使用，检查喷口有无堵塞、酒精有无溢出等，待查明原因、排除故障后再使用。

(3) 每次连续使用的时间不要过长。如发现灯身温度升高或罐内酒精沸腾（有气泡破裂声）时，要立即停用，避免罐内压力增大导致罐身崩裂。

6. 故障排除

(1) 喷灯喷火一开始火焰正常，等预热盆里的酒精烧完以后，火焰渐渐变小，最后熄灭。原因：这是由于喷管尾端没有火焰喷出到预热盆。处理：可在重新预热前将空气调节阀降低。

(2) 壶内酒精暴沸，喷口无气体喷出。原因：喷孔堵塞。处理：这很危险，首先用湿抹布盖住壶体，或用冷水泼洒，使壶体降温；然后检查壶体，确认无损坏后，用探针疏通喷孔。

(3) 喷出气体无法燃烧。原因：酒精浓度太低。处理：换用高浓度酒精。

(4) 喷出气体量少。原因：灯芯烧焦，或灯芯塞得太紧。处理：前者更换灯芯，后者将灯芯适当剪细。

三、仪器和试剂

仪器：酒精喷灯，玻璃管，玻璃棒，锉刀，石棉铁丝网，钢针，火柴，抹布等。

四、实验内容

1. 玻璃管的切割和圆口

将长约 50cm 的玻璃管平放在桌子的边缘上，左手按住要切割的部位（玻璃管的中部），右手用锉刀的棱边在要切割的部位用力向前或向后锉一下（注意：只能朝一个方向锉，不可来回锉）。当锉出一个深而短的凹痕时用两手的大拇指在凹痕后轻轻向后一折，玻璃管即断为两节。

玻璃管切割面的边缘很锋利，易割破皮肤、衣物、胶管等，所以必须对其进行圆口处理。具体方法是：将刚割断的玻璃管倾斜 45°，断口放在火焰的外焰中灼烧，同时不断转动玻璃管，直至管口变为平滑，取出玻璃管放在石棉网上冷却。将割断的玻璃管断口放在喷灯火焰上灼烧，使其平滑，这一过程称为圆口。

2. 玻璃管的弯曲

进行大角度玻璃管弯曲时，先将两端圆口的玻璃管用小火预热一下，然后双手平握玻璃管，放在火焰中加热。受热长度为 3～5cm，加热时要缓慢而均匀地转动玻璃管，转动应朝一个方向进行，且双手应保持一定距离，以防玻璃管软化时发生扭曲、拉伸或缩短。当玻璃管加热到发黄变软时，即可从火焰中取出，等 1～2s 后，两手向上向里轻托，准确

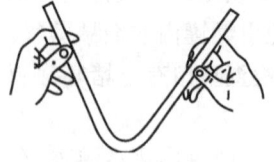

图 2-3 玻璃管的弯曲

地弯成所需角度（图 2-3）。

进行小角度玻璃管弯曲时，应分几次弯成。为防止弯曲处有缺陷，可用胶塞或手指堵住一端管口，在另一端适当吹气，使管径均匀。在做第二、三次弯曲时应在第一次受热部位的偏左或偏右处进行加热和弯曲。

3. 玻璃管的拉制

拉制玻璃管时，加热的方法与弯曲玻璃管时相同，不过加热的时间应稍长些，受热面积稍窄些，待玻璃管烧成红黄色时即可从火焰中取出，顺着水平方向向两边拉伸，同时均匀转动玻璃管。拉至所需细度后，可以一手持玻璃管，使它竖直下垂一会儿，然后放平冷却，按需要截断，并将断面圆口。

用拉伸的玻璃管按上胶帽，即可制成滴管。

4. 玻璃棒的制作

将长约 40cm 的玻璃棒在其中间部位用锉刀截断，在火焰中圆口，即制得玻璃棒。

5. 玻璃管制作时的注意事项

初学者容易出现的问题有：弯曲部分变细了、扭曲了、瘪了等。注意：

（1）加热部分要稍宽些，同时要不时转动使其受热均匀。

（2）不能一边加热一边弯曲，一定要等玻璃管烧软后离开火焰再弯，弯曲时两手用力要均匀，不能有扭力、拉力和推力。

（3）玻璃管弯曲角度较大时，不能一次弯成，先弯曲一定角度将加热中心部位稍偏离原中心部位，再加热弯曲，直至达到所要求的角度为止。

（4）弯制好的玻璃弯管不能立即和冷的物件接触，要把它放在石棉网上自然冷却。

五、思考题

（1）简述酒精喷灯的构造及使用。
（2）酒精喷灯的火焰分几层？各层温度是多少？
（3）切割玻璃管时应注意什么？为什么要圆口？
（4）如何弯曲拉制玻璃管？有何实际意义？

实验二　熔点的测定

一、实验目的

（1）学习熔点测定的原理、应用及影响测定结果的因素。
（2）掌握熔点的测定方法和温度计的校正方法。

二、实验原理

熔点是指在一个大气压下固体化合物固相与液相平衡时的温度。这时固相和液相的蒸气压相等。纯净的固体有机化合物一般有一个固定的熔点。图 2-4 表示一个纯粹化合物相组分、总供热量和温度之间的关系。当以恒定速率供给热量时，在一段时间内温度上升，固体不熔。当固体开始熔化时，有少量液体出现，固液两相之间达到平衡，继续供给热量使固相不断转变为液相，两相间维持平衡，温度不会上升，直至所有固体都转变为液体，温度才上升。反过来，当冷却一种纯化合物液体时，在一段时间内温度下降，液体未固化。当开始有固体出现时，温度不会下降，直至液体全部固化后，温度才会再下降。所以，纯粹化合物的熔点和凝固点是一致的。

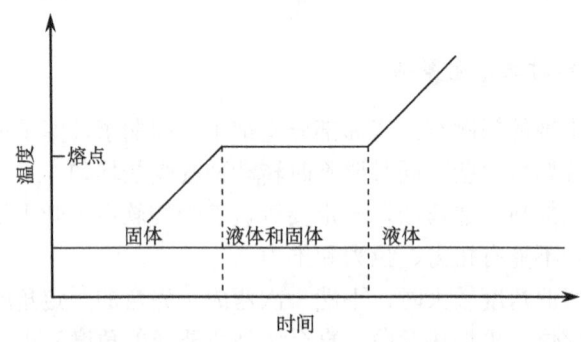

图 2-4　化合物的相随时间和温度的变化

纯粹的固体有机化合物一般有固定的熔点，即在一定压力下加热到近熔点时，固液两相之间的变化非常灵敏，由开始熔融到全部熔融，温度变化一般为 0.5～1℃。含有杂质的物质的熔点一般比纯物质的低，而且熔融过程中温度的变化也较大。这对于鉴定纯粹的固体有机化合物来讲具有很大价值，同时根据熔程长短又可定性地看出该化合物的纯度。

三、物理常数

表 2-1　各化合物的物理常数

名称	相对分子质量	性状	相对密度	熔点/℃	沸点/℃
尿素	60.06	白色固体	1.34	132.7	196.6
苯甲酸	122.12	白色固体	1.27	122.2	249.2

四、仪器和试剂

仪器：显微熔点测定仪，载玻片。

试剂：尿素，苯甲酸等。

五、实验内容

显微熔点测定仪如图 2-5 所示。在干净且干燥的载玻片上放微量苯甲酸（或尿素）晶粒并盖一片载玻片，放在加热台上。调节反光镜、物镜和目镜，使显微镜焦点对准样品，开启加热器，先快速后慢速加热，温度快升至熔点时，控制温度上升的速率为每分钟 1～2℃。当样品开始有液滴出现时，表示熔化已开始，记录初熔温度。样品逐渐熔化直至完全变成液体，记录全熔温度。

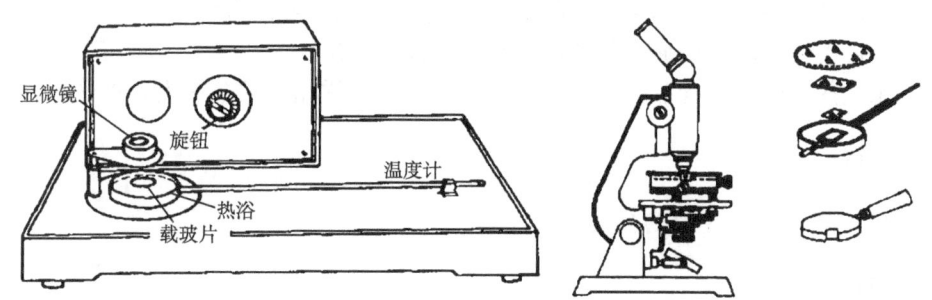

图 2-5　显微熔点测定仪

温度计的校正及各物质熔点测量记录见表 2-2～表 2-5。

表 2-2　温度计的校正

水的沸点	实际的测量值	温度差
100.0℃		

表 2-3　萘熔点的测量记录

萘	1	2	3	平均熔点	校正熔点
初熔/℃					
全熔/℃					
平均熔点/℃					

表 2-4　肉桂酸熔点的测量记录

肉桂酸	1	2	3	平均熔点	校正熔点
初熔/℃					
全熔/℃					
平均熔点/℃					

表 2-5　未知样品熔点的测量记录

未知样品	1	2	3	平均熔点	校正熔点
初熔/℃					
全熔/℃					
平均熔点/℃					

六、思考题

(1) 纯物质熔程短,熔程短的是否一定是纯物质?为什么?

(2) 测熔点时,如遇下列情况,将产生什么后果?
①加热太快;②样品研得不细或装得不紧;③样品管粘贴在提勒管壁上。

知识链接:

1. 显微熔点测定仪的使用

(1) 安装热台。

(2) 将一小颗粒(不大于 0.1mg)被测物质放在载玻片上,将载玻片放在热台中心,盖上玻璃片(防雾玻璃),观察,调清晰显微镜的像。

(3) 打开电源,通过拨动功能选择开关,设定温度上、下限(对于已知物,上限高于实际熔点 5℃,下限高于实际熔点 2℃)。

(4) 将功能开关拨至测量温度挡即开始测量,控温器上显示热台温度,此时注意观察被测物状态变化,记录始熔到熔解完全的温度范围。

(5) 测量完毕,逆时针旋转控温钮到底,温度降至低于熔点 20℃时,再开始测量。

2. 毛细管法

毛细管法是最常用的熔点测定法,装置如图 2-6 所示,操作步骤如下。

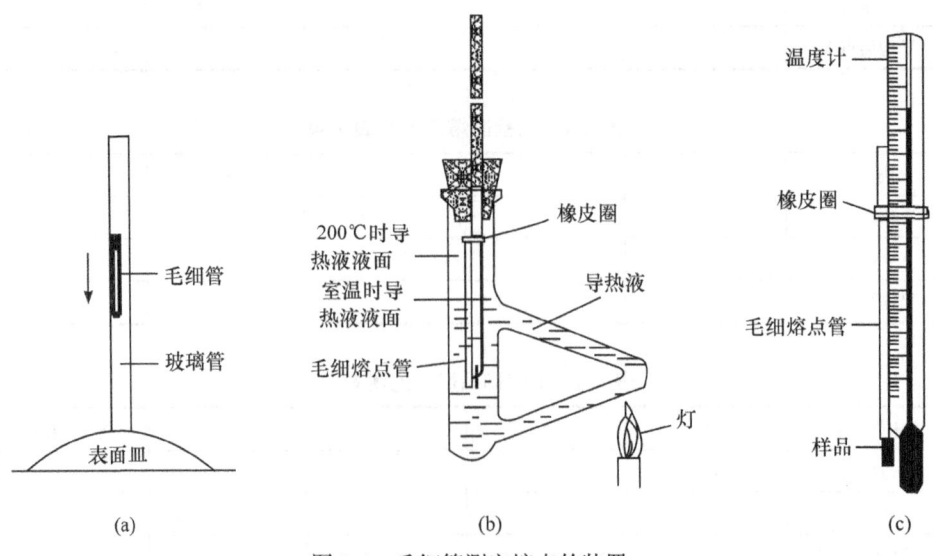

图 2-6 毛细管测定熔点的装置

第一步：取少许(约 0.1g)干燥的粉末状样品放在表面皿上研细后堆成小堆，将熔点管(专门用于测熔点的 1mm×100mm 毛细管)的开口端插入样品中，装取少量粉末。然后把熔点管竖立起来，在桌面上轻轻振动几下，使样品掉入管底。这样重复取样品几次，装入 1～2mm 高的样品。最后使熔点管从一根长 50～60cm 的玻璃管中掉到表面皿上，多重复几次，使样品粉末装填紧密。装入样品如有空隙则传热不均匀，影响测定结果。

第二步：将传温液加入提勒管(又称 b 形管)中(可根据所测物质的熔点选择，一般用甘油、液体石蜡、硫酸、硅油等)。

第三步：用橡皮圈把毛细管捆在温度计上，毛细管中的样品应位于水银球的中部，用有缺口的木塞或橡皮塞作支撑把温度计放到提勒管中，并使水银球处在提勒管的两叉口中部。

第四步：在图 2-6(b)所示位置加热。传温液被加热后在管内呈对流循环，使温度变化比较均匀。

在测定已知熔点的样品时，可先以较快速率加热，在距离熔点 10℃时，应以每分钟 1～2℃的速率加热，越接近熔点，加热速率越慢，直到测出熔程。在测定未知熔点的样品时，应先粗测熔点范围，再如上述方法细测。测定时，应观察和记录样品开始塌落并有液相产生时(初熔)和固体完全消失时(全熔)的温度读数，所得数据即为该物质的熔程。还要观察和记录在加热过程中是否有萎缩、变色、发泡、升华及炭化等现象，以供分析参考。

熔点测定至少要有两次重复数据，每次要用新毛细管重新装入样品。

熔点法校正温度计时常用的标准样品见表 2-6。

表 2-6　熔点法校正温度计时常用的标准样品

样品名称	熔点/℃	样品名称	熔点/℃
水冰	0	尿素	132.5～134.5
α-萘胺	50	二苯基羟基乙酸	151
二苯胺	53～54	水杨酸	159
对二氯苯	53	对苯二酚	173～174
苯甲酸苄酯	71	3,5-二硝基苯甲酸	205
萘	80.6	蒽	216.2～216.4
间二硝基苯	90	酚酞	262～263
二苯乙二酮	95～96	蒽醌	286(升华)
乙酰苯胺	114.3	肉桂酸	133
苯甲酸	122.4	邻苯二酚	105

实验三 蒸 馏

一、实验目的

(1) 掌握蒸馏的基本原理和基本操作。
(2) 学会采用蒸馏的方法分离有机混合物。
(3) 了解氧化钙法制备无水乙醇的原理和方法。

二、实验原理

蒸馏是根据物质沸点不同,提纯物质的一种方法。将液体加热至沸,使液体变为蒸气,然后使蒸气冷却再冷凝为液体,这两个过程的联合操作称为蒸馏。蒸馏不仅是提纯物质和分离混合物的一种方法,还可以用于测量化合物的沸点。根据物质性质的不同,蒸馏的方法可分为常压蒸馏、减压蒸馏和分馏等。蒸馏对鉴定纯粹的液体有机化合物也具有一定的意义。

三、物理常数

表 2-7 各化合物的物理常数

名称	相对分子质量	性状	相对密度	熔点/℃	沸点/℃
乙醇	46.07	无色液体	0.78	−114.5	78.4

四、仪器和试剂

仪器:磨口仪器一套,电热套。
试剂:工业乙醇,沸石等。
在安装仪器时应注意:温度计水银球上沿与蒸馏头支管下沿在同一水平线上,常压蒸馏装置均不需密封。

五、实验内容

1. 回流加热除水

在 100mL 圆底烧瓶中加入 40mL 工业乙醇,慢慢加入 16g 小颗粒的氧化钙和少量氢氧化钠,装上带有干燥管的回流装置,水浴或电热套加热回流 2h。实验装置见图 2-7。

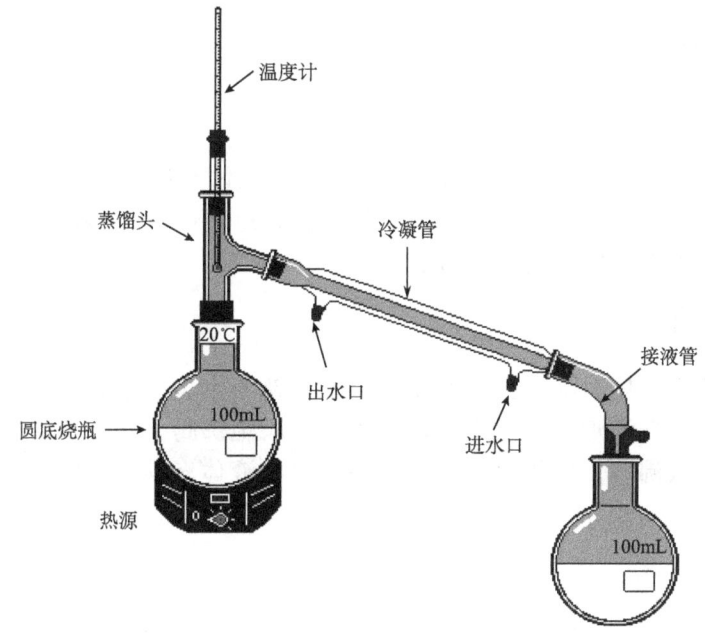

图 2-7 蒸馏装置

2. 蒸馏（带干燥管的蒸馏）

回流结束后，待反应体系稍冷，将回流装置改成蒸馏装置进行蒸馏，在接液管上连接带有无水氯化钙的干燥管。收集 78.5℃ 的馏分。

3. 检验乙醇的纯度

在蒸馏得到的乙醇中加入少量无水硫酸铜，检验收集到的馏分是否含有水分。

六、实验注意事项

（1）所用仪器均要干燥。
（2）回流和蒸馏必须加干燥管。
（3）保证除水反应时间。

七、思考题

（1）蒸馏过程中应注意哪些问题?
（2）沸石在蒸馏中的作用是什么?忘记加沸石时，应如何补加?
（3）蒸馏时瓶中加入的液体为什么要控制在其容积的 1/3 和 2/3 之间?

知识链接：蒸馏操作

1. 加料

做任何实验都应先组装仪器后再加原料。加液体原料时，取下温度计和温度计套管，在蒸馏头上口放一长颈漏斗，注意长颈漏斗下口处的斜面应超过蒸馏头支管，慢慢地将液体倒入蒸馏瓶中。

2. 加沸石

为了防止液体暴沸，应加入 1 粒沸石。沸石为多孔性物质，当加热液体时，孔内的小气泡形成气化中心，使液体平稳地沸腾。如加热中断，再加热时应重新加入沸石，因原来沸石上的小孔已被液体充满，不能再起气化中心的作用。

3. 加热

开通冷凝水，开始加热时，电压可调得略高些，一旦液体沸腾，水银球部位出现液滴，开始控制调压器电压，以蒸馏速率每秒 1～2 滴为宜。蒸馏时，温度计水银球上应始终保持有液滴存在，如果没有液滴说明可能有两种情况：一是温度低于沸点，体系内气液相没有达到平衡，此时应将电压调高；二是温度过高，出现过热现象，此时温度已超过沸点，应将电压调低。

4. 馏分的收集

前馏分蒸完，温度稳定后，换一个经过称量并干燥的容器接收正馏分，当温度超过沸程时，停止接收。液体的沸程常可代表它的纯度，沸程越小，蒸出的物质越纯。纯粹液体的沸程一般为 1～2℃。对于合成实验的产品，因大部分是从混合物中采用蒸馏法提纯，且简单蒸馏方法的分离能力有限，故在普通的有机化学实验中收集的沸程较大。

5. 停止蒸馏

馏分蒸完后，如不需要接收第二组分，可停止蒸馏。应先停止加热，取下电热套。待稍冷却后馏出物不再继续流出时，取下接收瓶保存产物，关掉冷凝水，拆除仪器(与安装仪器顺序相反)并清洗。

实验四 分　　馏

一、实验目的

(1) 了解普通蒸馏和简单分馏的基本原理及意义。
(2) 初步掌握蒸馏和分馏装置的安装与操作。
(3) 比较采用蒸馏和分馏分离液体混合物的效果。

二、实验原理

混合液沸腾后蒸气进入分馏柱中被部分冷凝，冷凝液在下降途中与继续上升的蒸气接触，二者进行热交换，蒸气中高沸点组分被冷凝，低沸点组分仍呈液态下降。结果是上升的蒸气中低沸点组分增多，下降的冷凝液中高沸点组分增多。如此经过多次热交换，就相当于连续多次的热蒸馏。以致低沸点组分的蒸气不断上升，而被蒸馏出来；高沸点组分则不断流回蒸馏瓶中，从而将它们分离。

分馏是分离几种不同沸点的挥发性物质混合物的一种方法，对某一混合物进行加热，根据混合物中各组分的不同沸点进行冷却分离成相对纯净的单一物质的过程。分馏实际上是多次蒸馏，它更适合于分离提纯沸点相差不大的液体有机混合物，如煤焦油的分馏、石油的分馏。当物质的沸点十分接近时，约相差 20℃，则无法使用简单蒸馏法，可改用分馏法。分馏柱的小柱可提供一个表面积于蒸气凝结，是进行精馏的一种塔式气液接触装置，又称为蒸馏塔。

本实验利用普通蒸馏和简单分馏分别对混合溶液进行分离，比较它们的分离效果。

三、物理常数

表 2-8　各化合物的物理常数

名称	相对分子质量	性状	相对密度	熔点/℃	沸点/℃
丙酮	58.1	无色液体	0.78	−95	56

四、仪器和试剂

仪器：圆底烧瓶，刺形分馏柱，直形冷凝管，蒸馏头，接液管，量筒，锥形瓶，温度计，长颈玻璃漏斗。

试剂：蒸馏水，丙酮等。

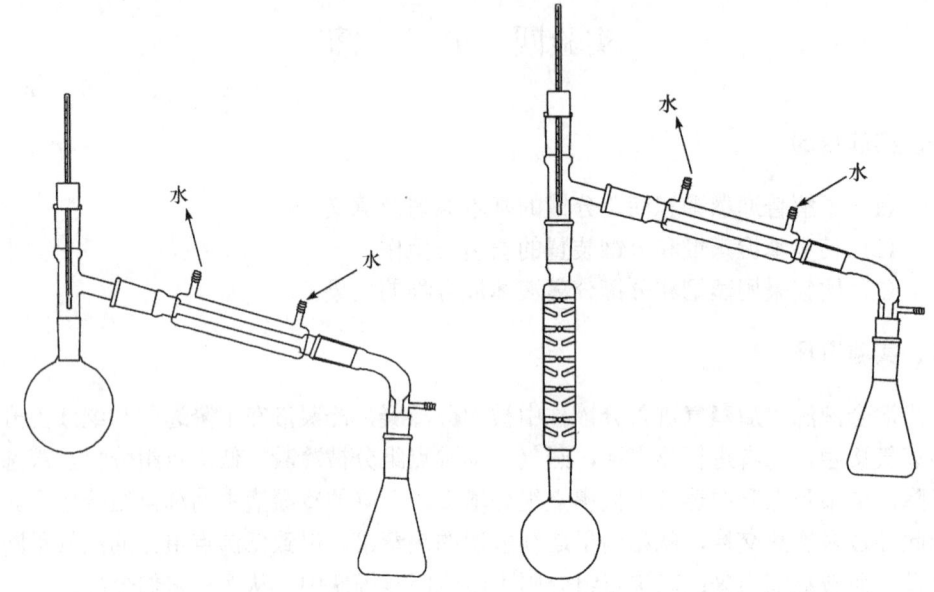

图 2-8　普通蒸馏装置　　　　图 2-9　分馏装置

五、实验内容

1. 蒸馏

按图 2-8 安装普通蒸馏装置。

（1）加入物料。

（2）蒸馏、收集馏分。

温度范围/℃	馏出液体积/mL
56～60	_____
60～70	_____
70～80	_____
80～95	_____
剩余液	_____

（3）停止蒸馏。

2. 分馏

按图 2-9 改装成简单分馏装置。

温度范围/℃	馏出液体积/mL
56~60	_____
60~70	_____
70~80	_____
80~95	_____
剩余液	_____

3. 比较分离效果

在同一张坐标纸上,以温度为横坐标,馏出液体积为纵坐标,将蒸馏和分馏的实验结果分别绘制成曲线。比较蒸馏与分馏的分离效果,得出结论。

六、实验注意事项

(1) 在蒸馏与分馏的操作中,温度计安装的位置正确与否直接影响测量的准确性。

(2) 蒸馏和分馏操作中,都应严格控制馏出速率,以确保分离效果。

(3) 开始蒸馏(或分馏)时,一定要注意先通水,再加热。

(4) 切不可向正在加热的液体混合物中补加沸石。

(5) 注意与大气相通,绝不能造成密闭体系。

七、思考题

(1) 普通蒸馏与简单分馏在操作上有何不同?

(2) 为什么要控制蒸馏(或分馏)速率?快了会造成什么后果?

(3) 停止蒸馏(或分馏)时,应如何操作?

(4) 分离液体混合物时,普通蒸馏与简单分馏哪一种方法效果更好?为什么?

实验五 水蒸气蒸馏

一、实验目的

(1) 学习水蒸气蒸馏的基本原理。

(2) 练习水蒸气蒸馏操作。

二、实验原理

当对一个互不混溶的挥发性混合物(非均相共沸混合物)进行蒸馏时,在一定温度下,每种液体将显示其各自的蒸气压,而不被另一种液体影响,它们各自的分压只与各自纯物质的饱和蒸气压有关，即 $p_A=p_{A0}$，$p_B=p_{B0}$，而与各组分的摩尔分数无关，其总压为各分压之和，即 $p_总=p_A+p_B=p_{A0}+p_{B0}$。

由此可以看出，混合物的沸点比其中任何单一组分的沸点都低。在常压下用水蒸气(或水)作为其中的一相，能在低于 100℃ 的情况下将高沸点的组分与水一起蒸出来。综上所述，一个由不混溶液体组成的混合物将在比它的任何单一组分(作为纯化合物时)沸点都要低的温度下沸腾，用水蒸气(或水)充当这种不混溶相之一所进行的蒸馏操作称为水蒸气蒸馏。

水蒸气蒸馏是分离和纯化有机物质的一种常用方法，特别是针对那些混合物中含有固体、焦油状或树脂状的杂质，如果采用一般蒸馏会使高沸点的有机物质发生分解，这时可以使用水蒸气蒸馏的方法。该法适合以下物质：

(1) 不溶或难溶于水。
(2) 共沸下与水不发生化学反应。
(3) 在 100℃ 左右时必须有一定的蒸气压(至少 666.5~1333Pa)。

三、仪器和试剂

仪器：水蒸气发生器，圆底烧瓶，直形冷凝管，接液管，分液漏斗，锥形瓶等。
试剂：八角茴香等。
水蒸气蒸馏装置由水蒸气发生器和简单蒸馏装置组成(图 2-10)。

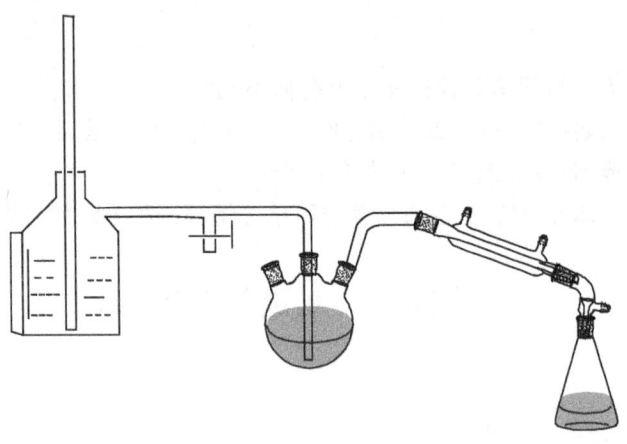

图 2-10 水蒸气蒸馏装置图

四、实验内容

(1) 在水蒸气发生器中加 3/4 的水、2~3 粒沸石，在 250mL 圆底烧瓶中加入 10g 八角茴香、40mL 水，安装蒸馏装置，电热套上加热 20min。打开螺旋夹，开启冷凝水，加热水蒸气发生器至沸。

（2）当有水蒸气从T形管的支管冲出时，旋紧夹子，让蒸汽进入烧瓶中。调节冷凝水，防止在冷凝管中有固体析出，使馏分保持液态。必须注意：当重新通入冷凝水时，要小心而缓慢，以免冷凝管因骤冷而破裂。控制馏出液速率在每秒2~3滴。在蒸馏时要随时注意安全管的水柱是否发生不正常的上升现象以及烧瓶中的液体发生倒吸现象，一旦发生这种现象，应立即打开夹子，移去火源，排除故障后，方可继续蒸馏。在蒸馏过程中要随时放掉T形管中已积满的水。

（3）当馏出液澄清透明、不再含有有机物油滴时（在通冷却水的情况下），可停止蒸馏。先打开螺旋夹，通大气，然后方可停止加热，否则烧瓶中液体将会倒吸入水蒸气发生器。

（4）将馏出液移入分液漏斗中，静置分层，分出的有机相置于锥形瓶中，用无水硫酸钠干燥，过滤，量出产物体积，计算产率。

五、实验注意事项

（1）水蒸气蒸馏是用来分离和提纯液态或固态有机化合物的一种方法。常用于下列几种情况：

① 一些沸点高的有机化合物，在常压下蒸馏虽可与副产品分离，但其易被破坏。

② 混合物中含大量的固体或树脂状杂质，采用蒸馏、萃取等方法都难以分离。

③ 从较多固体反应中分离被吸附的液体。

④ 挥发性固体有机物质蒸馏时，冷凝管易被冷凝的固体堵塞。

（2）操作注意事项如下：

水蒸气发生器盛水量以其容积的3/4为宜。如果太满，沸腾时水将冲至烧瓶；安全管的下端接近水蒸气发生器的底部，当容器内气压太大时，水可沿着玻璃管上升，以调节内压，如果系统发生阻塞，水便会从管的上口冲出，此时应检查圆底烧瓶内的蒸汽导管下口是否阻塞；常采用长颈圆底烧瓶，为了防止瓶中液体因飞溅而冲入冷凝管内，在组装时应倾斜45°，瓶内液体不宜超过容积的1/3。

六、思考题

（1）水蒸气蒸馏时，如何判断有机物已完全蒸出？

（2）水蒸气蒸馏时，随着蒸汽的导入，蒸馏瓶中液体越积越多，以致有时液体冲入冷凝器中，如何避免这一现象？

（3）今有硝基苯、苯胺的混合液体，能否利用化学方法及水蒸气蒸馏的方法将二者分离？

实验六 重结晶和过滤

一、实验目的

(1) 学习和掌握重结晶法纯化固体化合物的基本原理和实验技术。
(2) 学习和熟练掌握热过滤和抽滤操作练习。

二、实验原理

从有机化学反应分离出来的固体产物往往含有未反应的原料、副产物及杂质，需选用适当的溶剂进行结晶提纯。除去这些杂质最有效的方法就是重结晶。该方法的原理是利用固体混合物中各组分在某种溶剂中的溶解度不同，使它们相互分离，达到提纯精制的目的。把固体物溶解在热的溶剂中使之饱和，冷却时由于溶解度降低，物质又重新析出晶体。利用溶剂对被提纯物质及杂质的溶解度不同，使被提纯物质从过饱和溶液中析出，让杂质全部或大部分留在溶液中，从而达到提纯的目的。

注意：重结晶只适宜杂质含量在 5%以下的固体混合物的提纯。从反应粗产物直接重结晶是不适宜的，必须先采取其他方法初步提纯，然后再重结晶提纯。

三、物理常数

表 2-9 苯甲酸的物理常数

相对分子质量	颜色形态	相对密度	熔点/℃	沸点/℃	溶解度			
					水	乙醇	乙醚	丙酮
122.13	白色晶体	1.27	122.4	249	微溶	易溶	易溶	溶

表 2-10 苯甲酸在水中的溶解度

温度/℃	20	25	50	95	100
苯甲酸在水中的溶解度/g	0.29	0.17	0.95	6.8	5.9

四、仪器和试剂

仪器：锥形瓶，托盘天平，布氏漏斗，抽滤瓶，蒸发皿，电炉，石棉网，表面皿，水泵，铁架台，试管，滤纸，热水漏斗等。

试剂：苯甲酸等。

实验装置见图 2-11～图 2-13。

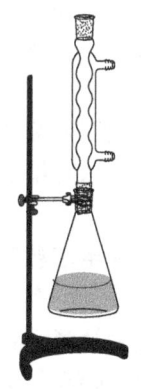 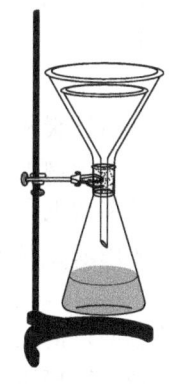 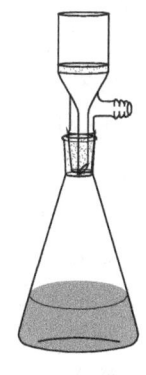

图 2-11 重结晶加热溶解装置　　图 2-12 热过滤装置　　图 2-13 布氏漏斗过滤装置

五、实验内容

1. 制饱和溶液

用托盘天平称取 4g 左右含有杂质的苯甲酸固体，放在锥形瓶中，加 100mL 水，加热至苯甲酸全部溶解后，待溶液稍冷后加活性炭，煮沸 5~10min。

2. 热过滤

用热水漏斗趁热过滤(预先在热漏斗中加入烧开的热水，将叠好的菊花形滤纸放在漏斗中后，一起放入热水漏斗中，准备锥形瓶或小烧杯接收滤液，减少溶剂挥发用的表面皿)。若用有机溶剂，过滤时应先熄灭火焰或使用挡火板。

3. 结晶

滤液放置冷却，析出结晶。为得到颗粒大、晶形均匀的晶体，应使滤液自行冷却，不要搅动。

4. 抽滤、称量

抽滤后，打开安全阀停止抽滤。用少量溶剂润湿晶体，继续抽滤，干燥后称量，计算产率。

六、实验注意事项

(1) 制饱和溶液时，在石棉网上加热至沸腾，并用玻璃棒不断搅拌，使固体溶解。若有未溶的固体，用滴管每次加入热水 3~5mL，直至全部溶解。将锥形瓶移开热源，冷却 3～5min，然后加入少量活性炭(活性炭绝对不能加入正在沸腾的溶液中，否则会引起暴沸，使溶液逸出)，再加热微沸 5～10min(若溶剂蒸发太多可适当补充少量水)。

(2) 趁热用布氏漏斗过滤，除去活性炭和不溶性杂质。每次倒入漏斗的溶液不要太满，盛剩余溶液的锥形瓶放在石棉网上继续用小火加热，以防结晶析出。溶液过滤之后用少量热水洗涤锥形瓶和滤纸。

(3) 过滤完毕，将盛滤液的烧杯用表面皿盖好放置结晶，冷至室温后再用冷水冷却使结晶完全。

(4) 结晶完成之后用布氏漏斗过滤，滤纸先用少量冷水湿润抽紧，将晶体和母液分批倒入漏斗中，抽滤后，用玻璃塞挤压晶体，使母液尽量除净，然后拔开抽滤瓶上的橡皮管，停止抽气。加少量冷水于布氏漏斗中，使晶体湿润，用药匙轻轻刮动晶体(注意不要把滤纸刮破)，将晶体刮到已称量过的干燥表面皿上，摊薄在空气中晾干。

七、思考题

(1) 重结晶时，为什么溶剂不能太多，也不能太少？如何正确控制剂量？
(2) 重结晶提纯固体有机物时，有哪些步骤？简单说明每一步的目的。

知识链接：菊花形滤纸的折叠方法

菊花形滤纸由于有效表面积大、过滤速度快，在化学实验中会经常用到。因此，菊花形滤纸的折叠和使用是基础化学实验特别是有机化学实验中的一项重要内容，也是学生应掌握的一项基本实验技能。菊花形滤纸折叠的具体操作如图 2-14 所示。

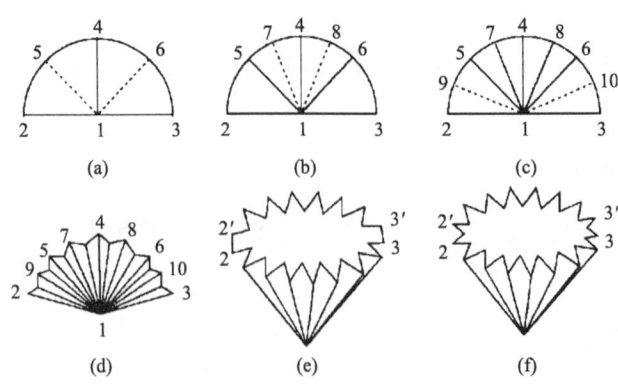

图 2-14　菊花形滤纸的折叠方法

实验七 萃 取

一、实验目的

(1) 学习萃取的原理和实验方法。
(2) 学习和熟练掌握分液漏斗的操作技术。

二、实验原理

萃取是有机化学实验中分离和提纯有机物常用的方法之一。萃取是利用有机物在两种互不相溶(或微溶)的溶剂中溶解度的不同,使有机物从一种溶剂转移到另一种溶剂中。经过反复萃取,将绝大部分有机物提取出来。由于多数有机物在有机溶剂中有更好的溶解性,常用有机溶剂萃取溶解于水溶液中的有机物。在实验室中进行液液萃取时,一般在分液漏斗中进行。

注意萃取溶剂的选择直接决定着萃取效果。萃取溶剂的选择应由被萃取化合物本身性质决定。一般难溶于水的物质用石油醚等萃取;较易溶的用苯或乙醚萃取;易溶于水的物质用乙酸乙酯或类似溶剂萃取。

三、物理常数

表 2-11 苯酚的物理常数

相对分子质量	性状	熔点/℃	沸点/℃	溶解度			
				水	乙醇	乙醚	乙酸乙酯
94.11	固体或液体	43	182	15℃ 8.2g·(100g 水)$^{-1}$ 65℃ 混溶	溶	易溶	易溶

四、仪器和试剂

仪器:分液漏斗,量筒,铁架台,铁圈,烧杯,玻璃棒,滴管等。
试剂:饱和苯酚溶液,乙酸乙酯,氯化铁等。

五、实验内容

1. 一次萃取

在 50mL 分液漏斗的上口,加入 20mL 苯酚饱和溶液和 7mL 乙酸乙酯。然后盖紧顶塞振摇,使两层液体充分接触(图 2-15)。在振摇过程中,适时放气。

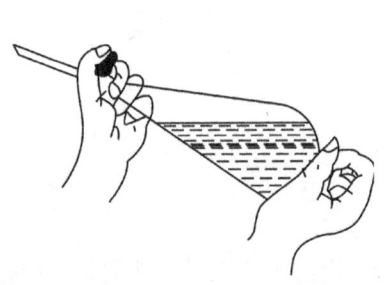
图 2-15 分液漏斗的使用

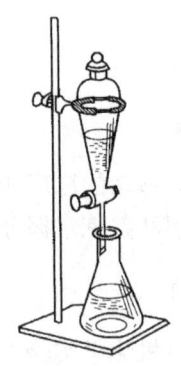
图 2-16 分离两层液体

2. 两相分离

将分液漏斗放置在铁圈上静置分层(图 2-16);待两层液体界面清晰时,将顶塞打开,再把分液漏斗下端靠在锥形瓶壁上,然后缓缓旋开旋塞,放出下层溶液(水相 1)。待下层水相 1 流完后,将上层溶液(乙酸乙酯油相 1)从上口倒入另一烧杯。

3. 二次萃取

将下层水相 1 倒入分液漏斗中,再添加 5mL 乙酸乙酯,进行萃取操作。

4. 二次分离

待两相界面清晰时,将顶塞打开,放出下层溶液(水相 2)。待下层水相 2 流完后,将上层溶液(乙酸乙酯油相 2)从上口倒入另一烧杯。

5. 称量、检测

分别用量筒测量油相 1、2 以及水相 2 的体积,并用氯化铁分别定性检测上述三种溶液中苯酚浓度的高低。

六、实验注意事项

1. 分液漏斗使用前的准备工作

(1) 分液漏斗上口的顶塞应用线系在漏斗上口的颈部,旋塞则用橡皮筋绑好,以避免脱落打破。

(2) 取下旋塞并用纸将旋塞及旋塞腔擦干,在旋塞孔的两侧涂上一层薄薄的凡士林,再小心塞上旋塞并旋转数次,使凡士林均匀分布并透明。注意上口的顶塞不能涂凡士林。

(3) 使用前应先用水检查顶塞、旋塞是否紧密。倒置或旋转旋塞时都必须不漏水，方可进行使用。

2. 萃取过程中振摇的注意事项

(1) 振摇时，右手捏住漏斗上口颈部，并用食指根部(或手掌)顶住顶塞，以防顶塞松开。用左手大拇指、食指按住处于上方的旋塞把手，既要能防止振摇时旋塞转动或脱落，又要便于灵活地旋开旋塞。漏斗颈向上倾斜 30°～45°。

(2) 用两手旋转振摇分液漏斗数秒钟后，仍保持漏斗的倾斜度，旋开旋塞，放出蒸气或产生的气体，使内外压力平衡。当漏斗内有易挥发有机溶剂(如乙醚)或有二氧化碳气体放出时，更应及时放气并注意远离他人。

(3) 放气完毕，关闭旋塞，再行振摇。如此重复三四次至无明显气体放出。

3. 两相液体的分离操作

分液漏斗进行液体分离时，必须放置在铁圈上静置分层；待两层液体界面清晰时，再把分液漏斗下端靠在接收瓶壁上，然后缓缓操作，可重复两三次，以便把下层液体分净。当最后一滴下层液体刚刚通过旋塞孔时，关闭旋塞。待颈部液体流完后，将上层液体从上口倒出。绝不可由旋塞放出上层液体，以免被残留在漏斗颈的下层液体沾污。

七、思考题

(1) 使用分液漏斗的目的何在？使用分液漏斗时要注意哪些事项？

(2) 两种不相溶的液体同在分液漏斗中，相对密度大的在哪一层？下一层液体从哪里放出来？放出液体时为了不要流得太快，应该怎样操作？留在分液漏斗中的上层液体应从哪里倾入另一容器？

实验八　减　压　蒸　馏

一、实验目的

(1) 了解减压蒸馏的原理和应用范围。
(2) 认识减压蒸馏的主要玻璃仪器和设备。
(3) 掌握减压蒸馏仪器的安装和操作方法。

二、实验原理

减压蒸馏是分离、提纯有机物的重要方法之一，特别适用于沸点较高及在常压下蒸馏时易分解、氧化和聚合的物质。有时在蒸馏、回收大量溶剂时，为提高蒸馏速度也考虑采用减压蒸馏的方法。

液体的沸点是指它的饱和蒸气压等于外界大气压时的温度，所以液体沸腾的温度是随外界压力的降低而降低的。用真空泵连接盛有液体的容器，使液体表面上的压力降低，即可降低液体的沸点。这种在较低压力下进行蒸馏的操作称为减压蒸馏，减压蒸馏时物质的沸点与压力有关。为了使用方便，常把不同的真空度划分为以下几个等级：

低真空度[101.32～1.3332kPa(760～10mmHg)]：一般可用水泵获得。水泵所达到的最大真空度受水蒸气压力限制，因此，水温在 3～4℃时，水泵可达 0.7999kPa(6mmHg) 的真空度；而水温在 20～25℃时，只能达到 2.266～3.333kPa(17～25mmHg)。

中真空度[1333.2～13.332Pa (10～10^{-1}mmHg)]：一般可由油泵获得。

高真空度[<13.332Pa(10^{-1}mmHg)]：一般由扩散泵获得。它是利用一种液体的蒸发和冷凝，使空气附着在凝聚的液滴表面上，达到富集气体分子的目的。该泵的作用一方面是抽走集结的气体分子，另一方面是可以降低所用液体的气化点，使其易沸腾。扩散泵所用的工作液可以是泵油或其他特殊油类，其极限真空主要取决于工作液的性质。

减压蒸馏装置通常认为由四部分组成：蒸馏部分、抽气部分、保护和测压装置部分。

1. 蒸馏部分

蒸馏部分与普通蒸馏相似，也可分为三个组成部分。

（1）减压蒸馏瓶（克氏蒸馏瓶）有两个颈，其目的是避免减压蒸馏时瓶内液体由于沸腾而冲入冷凝管中，瓶的一颈中插入温度计，另一颈中插入一根距瓶底 1～2mm 的末端拉成细丝的毛细玻璃管。毛细玻璃管的上端连有一段带螺旋夹的橡皮管，螺旋夹用以调节进入空气的量，使极少量的空气进入液体，呈微小气泡冒出，作为液体沸腾的气化中心，使蒸馏平稳进行，又起搅拌作用。

（2）冷凝管和普通蒸馏相同。

（3）接液管和普通蒸馏不同的是，接液管上具有可供接抽气部分的小支管。蒸馏时，若要收集不同的馏分而又不中断蒸馏，则可用两尾或多尾接液管。转动多尾接液管，就可使不同的馏分进入指定的接收器中。

2. 抽气部分

实验室通常用水泵或油泵进行减压。

水泵(水循环泵)：所能达到的最低压力为 1kPa。

油泵：油泵的效能取决于油泵的机械结构以及真空泵油的好坏。好的油泵能抽至真空度为 13.3Pa。油泵结构较精密，工作条件要求较严。蒸馏时，如果有挥发性的有机溶剂、水或酸的蒸气，都会损坏油泵及降低其真空度。因此，使用时必须十分注意油泵的保护。

3. 保护和测压装置部分

为了保护油泵，必须在馏液接收器与油泵之间顺次安装冷却阱和几个吸收塔。冷却阱中冷却剂的选择根据需要而定。吸收塔(干燥塔)通常设三个：第一个装无水 $CaCl_2$ 或硅胶，吸收水汽；第二个装粒状 NaOH，吸收酸性气体；第三个装切片石蜡，吸收烃类气体。

实验室通常利用水银压力计测量减压系统的压力。水银压力计又有开口式水银压力计、封闭式水银压力计。

三、仪器和试剂

仪器：减压蒸馏装置等。

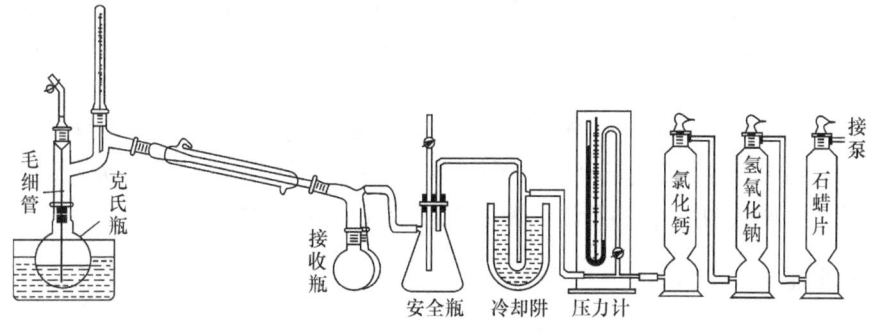

图 2-17 减压蒸馏装置

四、实验内容

(1) 按图 2-17 安装(使用循环水泵，免除吸收装置)，磨口玻璃涂上真空脂(油)。

(2) 检查系统是否达到要求(是否漏气)。

(3) 加入蒸馏的液体(本实验用水练习操作)。

(4) 关上安全瓶活塞→先抽气→调节毛细管导入适量空气→加热蒸馏。
(5) 蒸馏完毕：先去热源→放气(不能太快)→打开安全瓶活塞→关水泵。
(6) 数据记录和处理：

$$系统压力 = 760 - 真空度(mmHg)(表压)$$
$$= 0.101325 - 真空度(MPa)$$

	真空泵表压力	蒸馏系统压力	蒸馏温度
实验数据			
文献数据			

五、实验注意事项

(1) 被蒸馏液体中若含有低沸点物质时，通常先进行普通蒸馏，再进行水泵减压蒸馏，而油泵减压蒸馏应在水泵减压蒸馏后进行。

(2) 装置停当后，先旋紧橡皮管上的螺旋夹，打开安全瓶上的二通活塞，使体系与大气相通，启动油泵(长时间未用的真空泵，启动前应先用手转动下皮带轮，能转动时再启动)抽气，逐渐关闭二通活塞至完全关闭，注意观察瓶内的鼓泡情况(如发现鼓泡太剧烈，有冲料危险，立即将二通活塞旋开些)，从压力计上观察体系内压力是否能符合要求，然后小心旋开二通活塞，同时注意观察压力计上的读数，调节体系内压到所需值(根据沸点与压力关系)。

(3) 在系统充分抽空后通冷凝水，再加热(一般用油浴)蒸馏，一旦减压蒸馏开始，就应密切注意蒸馏情况，调整体系内压，经常记录压力和相应的沸点值，根据要求收集不同馏分。

(4) 蒸馏完毕，移去热源，慢慢旋开螺旋夹(防止倒吸)，并慢慢打开二通活塞，平衡内外压力，使测压计的水银柱慢慢地恢复原状(若打开得太快，水银柱很快上升，有冲破测压计的可能)，然后关闭油泵和冷却水。

六、思考题

(1) 在怎样的情况下才用减压蒸馏？
(2) 使用油泵减压时，设有哪些吸收和保护装置？其作用是什么？
(3) 在进行减压蒸馏时，为什么必须用热浴加热，而不能直接用火加热？为什么进行减压蒸馏时必须先抽气才能加热？
(4) 当减压蒸完所要的化合物后，应如何停止减压蒸馏？为什么？

实验九 升 华

一、实验目的

(1) 了解升华的原理及意义。
(2) 熟练掌握常压升华操作技术。

二、实验原理

一些物质在固态时具有相当高的蒸气压,当加热时,不经过液态而直接气化,蒸气受到冷却又直接冷凝成固体,这个过程称为升华。然而对固体有机化合物的提纯来说,不管物质蒸气是由液态还是由固态产生的,重要的是使物质蒸气不经过液态而直接转变为固态,从而得到高纯度的物质,这种操作都称为升华。

图 2-18 是物质的三相平衡图。从此图可以看出应当怎样控制升华的条件。图中曲线 ST 表示固相与气相平衡时固体的蒸气压曲线。TW 是液相与气相平衡时液体的蒸气压曲线。TV 是固相与液相的平衡曲线,它表示压力对熔点的影响。T 为三条曲线的交点,称为三相点,只有在此点固、液、气三相可以同时存在。三相点与物质的熔点(在大气压下固液两相平衡时的温度)相差很小,只有几分之一摄氏度。

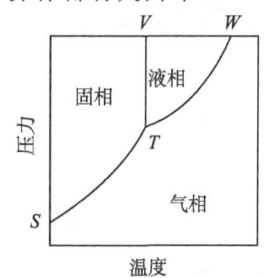

图 2-18 物质的三相平衡图

在三相点温度以下,物质只有固、气两相。升高温度,固相直接转变成蒸气;降低温度,气相直接转变成固相。因此,凡是在三相点以下具有较高蒸气压的固态物质都可以在三相点温度以下进行升华提纯。

不同的固体物质在其三相点时的蒸气压是不一样的,因而它们升华的难易也不相同。一般来说,结构上对称性较高的物质具有较高的熔点,且在熔点温度时具有较高的蒸气压,易于用升华来提纯。例如,六氯乙烷的三相点温度为 186℃,蒸气压力为 780mmHg,而它在 185℃时的蒸气压已达到 760mmHg,因而它在三相点以下就很容易进行升华。樟脑的三相点温度为 179℃,压力为 370mmHg,由于它在未达到熔点之前就有相当高的蒸气压,所以只要缓缓加热,使温度维持在 179℃以下,就可不经熔化而直接蒸发完毕。但是若加热太快,蒸气压超过三相点的平衡压(370mmHg),樟脑就开始熔化为液体。所以,升华时加热应当缓慢进行。

和液态物质的沸点相似,固态物质的蒸气压等于固态物质所受的外界大气压力时的温度,称为该固态物质的升华点。由此可见,升华点与外压有关,在常压下不易升华的物质，即在三相点时蒸气压比较低的物质，如萘在熔点80℃时的蒸气压才7mmHg，使用一般升华方法不能得到满意的结果。这时可将萘加热至熔点以上，使其具有较高蒸气压，同时通入空气或惰性气体，促使蒸发速度加快，并可降低萘的分压，使蒸气不经过液态而直接凝成固态。此外，还可采取减压升华的方法纯化。

三、物理常数

表 2-12　各化合物的物理常数

名称	相对分子质量	性状	相对密度	熔点/℃	沸点/℃
樟脑	152.23	无色固体	0.99	179	204
萘	128.18	白色固体	1.16	81	218
氯化钠	58.44	白色固体	2.17	801	1465

四、仪器和试剂

仪器：蒸发皿，研钵，滤纸，玻璃漏斗，酒精灯，玻璃棒，表面皿等。

试剂：樟脑或萘与氯化钠的混合物等。

五、实验内容

（1）升华装置（图 2-19）：称取 0.5~1g 待升华物质（可用樟脑或萘与氯化钠的混合物），烘干后研细，均匀铺放于一个蒸发皿中，盖上一张刺有十个小孔（直径约 3mm）的滤纸，然后将一个大小合适的玻璃漏斗（直径稍小于蒸发皿和滤纸）罩在滤纸上，漏斗颈用棉花塞住，防止蒸气外逸，减少产品损失。

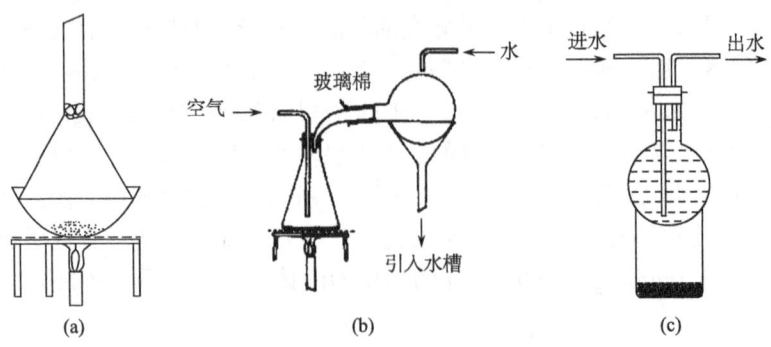

图 2-19　常压升华装置

(2) 加热：隔石棉网用酒精灯加热，慢慢升温，温度必须低于其熔点，待有蒸气透过滤纸上升时，调节灯焰，使其慢慢升华，上升蒸气遇到漏斗壁冷凝成晶体，附着在漏斗壁上或落在滤纸上。当透过滤纸的蒸气很少时停止加热。

(3) 产品的收集：用一根玻璃棒或小刀，将漏斗壁和滤纸上的晶体轻轻刮下，置于洁净的表面皿上，即得到纯净的产品。称量，计算产品的收率。

六、实验注意事项

(1) 升华温度一定要控制在固体化合物的熔点以下。
(2) 样品一定要干燥，如有溶剂将会影响升华后固体的凝结。
(3) 滤纸上小孔的直径要大些，以便蒸气上升时顺利通过。

七、思考题

(1) 进行升华提纯时应注意哪些问题？
(2) 升华提纯樟脑时，升华温度应控制在什么范围内？

实验十　经典色谱分离技术

一、实验目的

(1) 掌握薄层层析的基本操作，薄层层析分离顺、反式偶氮苯。
(2) 了解柱层析分离有机化合物的原理，初步掌握层析柱装填和洗脱的操作方法。
(3) 采用柱层析分离反式偶氮苯与靛红的混合物。

二、实验原理

色谱方法是通过待分离混合物各组分在固定相和流动相间分配的不同而将物质分离开。待分离混合物各组分在固定相上的吸附强度不同，与流动相一起移动的速率也不同，因此被分离开。

分类：柱色谱、纸色谱、薄层色谱、气相色谱、液相色谱等。

薄层色谱又称为薄层层析，属于固液吸附色谱。薄层色谱板中的固定相中的微孔结构使得溶剂在毛细管作用下能够沿着色谱板向上移动。由于混合物中各组分对吸附剂(固定相)的吸附能力不同，当展开剂(流动相)流经吸附剂时发生无数次吸附-解吸过程，吸附力弱的组分随流动相迅速向前移动，吸附力强的组分滞留在后，由于各组分具有不同的移动速率，最终在固定相薄层析上分离。薄层色谱除用于分离外，还可以通过与已知结构的化合物比对，鉴定少量有机混合物的组成，它也是柱色谱寻求最佳展开剂的手段。

某种化合物在薄层板上上升的高度与展开剂上升高度的比值称为该化合物的比移值，常用 R_f 来表示：

$$R_f = \frac{溶质最高浓度中心至原点中心的距离}{溶剂前沿至原点中心的距离}$$

图 2-20（b）给出了某化合物的展开过程及 R_f 值。对于同一种化合物，当展开条件相同时，R_f 值是一个定值，因此可用 R_f 作为定性分析的依据。但是，由于影响 R_f 值的因素较多，如展开剂、吸附剂、薄层板的厚度、温度等，因此同一化合物的 R_f 值与文献值会相差很大。在实验中常采用的方法是，在一块板上同时点一个已知物和未知物进行展开，通过计算 R_f 值来确定是否为同一化合物。

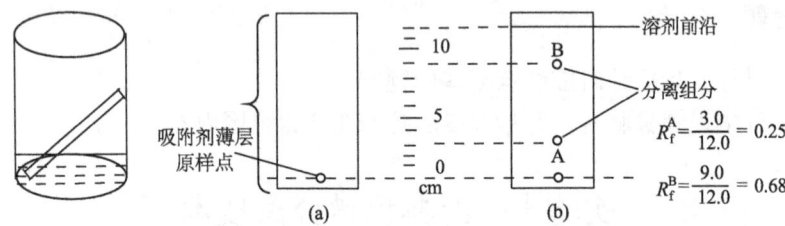

图 2-20　某组分薄层色谱展开过程及 R_f 值计算

柱层析也属于固液吸附色谱。在一根玻璃"分离柱"中进行，管中装上适当的粉末作为固定相。待分离或纯化物质的溶液（流动相）在重力作用下流经吸附剂时，不同物质对溶剂和吸附剂的亲和力不同，因而被吸附的程度不同，从而以不同速率流动，使化合物得以分离。靛红与偶氮苯在极性上具有较大差异，从而可以使用极性适中的展开剂，通过柱层析将二者分离。柱层析操作示意图见图 2-21。

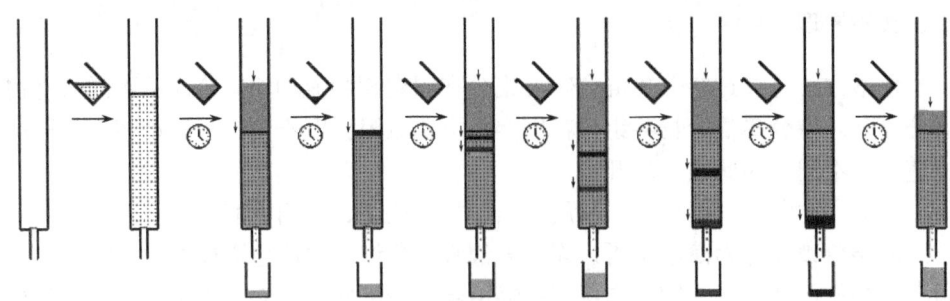

图 2-21　柱层析操作示意图

三、物理常数

表 2-13　各化合物的物理常数

名称	相对分子质量	性状	相对密度	熔点/℃	沸点/℃
偶氮苯	182.22	红色固体	1.02	66	293
靛红	147.13	红色固体		203(部分升华)	
乙酸乙酯	88.11	无色液体	0.90	−84	77
二氯甲烷	84.93	无色液体	1.33	−97	40

四、仪器和试剂

仪器：分析天平，薄层色谱，锥形瓶，毛细管，层析柱，棉花，量筒，硅胶(GF-254)，蒸发皿，层析缸，尺子等。

试剂：偶氮苯，靛红，乙酸乙酯，二氯甲烷，石油醚等。

五、实验内容

1. 光照异构化

取 0.1g 反式偶氮苯溶于 5mL 无水乙醇中，将此溶液放于试管中，密封，置于可见光下两周，以便与光照前的溶液进行对比。

2. 薄层层析

取管口平整的毛细管吸取光照后的偶氮苯溶液，在离薄层板边沿约 0.5cm 的起点线上点样。再用另一毛细管吸取未经光照的反式偶氮苯溶液点样。待乙醇挥发后，将点好样品的薄层板放入内衬滤纸的展缸中。层析缸内已放置展开剂(乙酸乙酯：石油醚=1：40，体积比)。薄层板的点样端在下方，浸入展开剂，展开剂不要没过起点线，也不要碰到样品点。待展开剂前沿上升到离板的上端约 1cm 处时，取出薄层板，立即用铅笔在展开剂上升的前沿处画一记号，置于空气中晾干。可观察到薄层板上经光照后的偶氮苯溶液点样处上端有两个黄色斑点(哪一个斑点是顺式的？哪一个斑点是反式的？)。计算异构体的 R_f 值。

用上述相同的方法，采用乙酸乙酯：石油醚 =1：1(体积比)为展开剂，对靛红与偶氮苯的混合物进行薄层层析，为下面的柱层析选择展开剂。

3. 柱层析

(1) 将层析柱固定在铁架台上，一定要保持柱子竖直。

(2) 将层析柱洗净后在柱底部放入一小团脱脂棉花。

(3) 在锥形瓶中称量 7g 硅胶(SiO_2)，并用乙酸乙酯：石油醚=1：40 调匀。在层析柱的下方放置一个锥形瓶，以收集流下的液体。加少量洗脱剂于层析柱中，以润湿棉花，使其贴在柱子下端。

(4) 打开层析柱活塞，控制溶剂下流，将硅胶悬浊液沿柱子侧壁加入，用少量溶剂洗去残余的硅胶，并加入柱中。用装有橡皮管的塞子由下向上轻轻敲击柱子外壁，将气泡赶出，使硅胶填装均匀。并加压使硅胶紧密，以获得较好的分离效果。轻轻敲击，使硅胶最上层成均匀平面，然后用药匙沿柱子侧壁轻轻地、慢慢地在硅胶表面覆盖一层海砂(注意：不要破坏硅胶的上平面)。关闭活塞，备用。

(5) 打开活塞，当溶剂液面降至海砂表面时，关闭活塞。用滴管沿柱子侧壁加入靛红与偶氮苯混合物的溶液[称取40mg，置于 1.5mL 的塑料样品管，加入 1mL 二氯甲烷(CH_2Cl_2)，超声振荡使其溶解]。打开活塞，使溶剂液面降至海砂表面，关闭活塞。再用少量展开剂洗塑料样品管，加入层析谱中，并注意洗去黏附在柱壁上的液滴，打开活塞，流到液面，关闭活塞。重复上述操作，直至将所有化合物冲到硅胶里面。

(6) 沿侧壁加入大量的洗脱剂乙酸乙酯：石油醚(1：40)，打开活塞，加压保持一定的流速，观察色带的形成和分离。

(7) 当第一个有色带到达柱底且没有流出之前，关闭活塞，倒空锥形瓶，打开活塞，收集全部色带。然后，改用乙酸乙酯：石油醚（1：1）作为洗脱剂。关闭活塞，换一个空的且干净的锥形瓶，打开活塞。当第二个有色带到达柱底且没有流出之前，关闭活塞，倒空锥形瓶，打开活塞，收集全部色带。柱层析分离结束。

(8) 柱层析分离结束后，采用薄层色谱对上述分离的两个溶液进行分析，总结分离效果。同时，打开层析柱活塞，在加压下让展开剂流干，然后将硅胶倒入指定的固体废物桶中。切勿倒入水槽或普通垃圾桶。

六、思考题

(1) 在薄层层析实验中，为什么点样的样品斑点不可浸入展开剂的溶液中？为什么进行薄层层析时层析缸要盖上盖子？

(2) 当用混合物进行薄层层析时，如何判断各组分在薄层板上的位置？靛红与偶氮苯哪一个的极性较强？为什么？

(3) 柱层析时柱中若留有空气或填装不均匀，对分离效果有何影响？如何避免？

(4) 简述偶氮苯和靛红的物理化学性质。毒性如何？有什么应用？偶氮苯光照异构化的机理是什么？

知识链接：

1. 光化学

由光的作用引起的化学反应近年来日益受到人们的重视，光合作用就是最重要的光化学反应。研究激发态分子化学行为的光化学反应已经成为有机化学的一个重要分支。光不仅可以引起多种多样的化学反应，合成各种前所未有的奇妙反应分子，而且与人们的日常生活及生命现象有着密切的联系。

偶氮苯是最简单的芳香偶氮化合物，众多偶氮染料的母体结构。它含有两个苯基分别与偶氮基—N═N—两端相连的结构。偶氮苯有毒，易燃。偶氮苯有顺(Z)、反(E)异构体。反式为橙红色棱形晶体，蒸气为深红色，溶于乙醇、乙醚、乙酸和水。反式的热力学性质稳定。当溶于乙醇的偶氮苯用一定强度的紫外光照射时，顺式的比例逐渐增大，直至达到平衡，形成顺反异构体的混合物(图 2-22)。偶氮苯的光致异构是很多偶氮类功能材料光响应的基础。顺式为橙红色片状晶体，不稳定，在加热或可见光照射下能够变成反式。

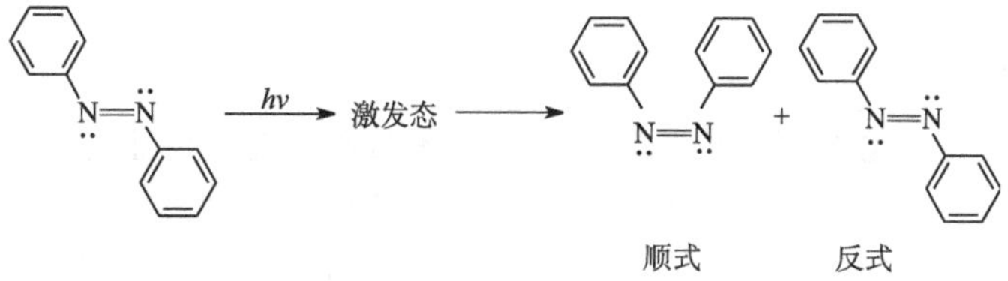

图 2-22 偶氮苯光反应式

2. 薄层色谱

1) 固定相的选择

氧化铝和硅胶是薄层层析色谱常用的固定相。氧化铝多用于分离碱性或中性有机物；硅胶的吸附性源于表面的 Si—OH 基，主要用于分离酸性、中性有机物质。

薄层色谱用的硅胶有 60G、60GF254、60H、60HF254 和 60HF254+366 等类型，其中 G 表示含有 13% 硫酸钙(作为黏合剂)，H 表示不含硫酸钙，F254 表示含有 2% 无机荧光物质，在 254nm 的紫外光照射下发出绿色荧光。与硅胶相似，氧化铝也因含有黏合剂或荧光剂而分为氧化铝 H、氧化铝 G、氧化铝 HF254 和氧化铝 GF254 等类型。黏合剂除硫酸钙外，还可用淀粉、羧甲基纤维素(CMC)。

2) 操作方法

(1) 点样。

在距薄层板一端约 1cm 处,用铅笔轻轻画一条线作为起点线。样品用易挥发性溶剂溶解后,用毛细管吸取样品溶液,在起点线的某一位置上轻触点样。如果溶液太稀,可多点几次,但要等第一次样品溶剂挥发后,再点第二次。

点好样品后,待溶剂挥发完,才可以进行下面的展开过程。

(2) 展开剂的选择。

选择展开剂,首先应考虑对被分离物有一定的溶解度和解吸能力。由于硅胶和氧化铝都是极性吸附剂,因此展开剂的极性越大,试样在薄板上移动的距离越远,R_f 值(化合物在薄层板上上升高度与展开剂上升高度的比值)越大。例如,在分离过程中常发现 R_f 太小,说明展开剂极性不够,需要考虑加入一种极性强的展开剂进行调控。

常用展开剂的洗脱力由小到大的顺序为:石油醚、环己烷、四氯化碳、二氯甲烷、氯仿、乙醚、四氢呋喃、乙酸乙酯、丙酮、正丁醇、乙醇、甲醇、水、冰醋酸、吡啶、有机酸等。

此外,在展开过程中,展开缸内展开剂的蒸气必须始终处于饱和状态。一般可用一块方形滤纸贴于缸壁上(下端浸于展开剂中),盖好密封一段时间。取放薄层板应迅速。

(3) 显色。

展开后,要等溶剂挥发完才能显色。若被分离的是有色组分,展开板上即呈现出有色斑点。若化合物本身无色,则可以在紫外灯下观察有无荧光斑点;或用碘蒸气熏的方法显色。显色后,用铅笔轻轻画出斑点位置,计算 R_f 值。

3. 柱色谱

吸附层析柱的分离效果不仅依赖于吸附剂和洗脱溶剂的选择,而且与制成的层析柱有关;要求柱中的吸附剂用量为被分离样品量的 30~40 倍,若需要可增至 100 倍。

柱高与直径之比为 4:1~10:1,一般为 7.5:1。实验室常用的层析柱直径为 0.5~10cm。当吸附物的色带占吸附剂高度的 1/10~1/4 时,此层析柱已经可作层析分离了。

柱层析常用吸附剂有氧化铝、硅胶、氧化镁、碳酸钙及活性炭等,吸附剂要求颗粒大小均匀,越细分离效果越佳,但此时洗脱阻力会增大,所以要选择合适大小的吸附剂。氧化铝分酸性、中性和碱性三种,本实验应用中性氧化铝。

化合物的吸附能力与它的极性成正比,具有较大极性基团的化合物,其在吸附剂上吸附能力较强。氧化铝对各化合物的吸附性按以下顺序递减:酸>醇、胺、硫醇>酯、醛、酮>烃>卤化物、醚>烯>饱和烃。强吸附性的化合物要用强极性溶剂洗脱。

作为洗脱剂的溶剂要求具有一定极性，适合于被分离物的分离，体积尽量要小，此外要求易挥发、易除去(乙醚等挥发性太大的溶剂不合适)。洗脱剂的极性按下列顺序递增：己烷或石油醚<环己烷<四氯化碳<三氯乙烯<二硫化碳<甲苯<苯<二氯甲烷<氯仿<乙醚<乙酸乙酯<丙酮<丙醇<乙醇<甲醇<水<吡啶<乙酸。

装柱时要求吸附剂必须均匀地填充于柱内，不能有气泡和裂缝，否则将影响洗脱和分离。在装柱时，通常把柱子竖直固定好，关闭下端活塞，底部用少量脱脂棉塞紧，加入 0.5cm 厚的海砂，然后加入溶剂到柱子体积的 1/4，用一定量的溶剂与吸附剂在烧杯中调成糊状，打开柱下端的活塞，让溶剂一滴一滴地滴入锥形瓶中，同时把糊状物快速倒入柱中，吸附剂通过溶剂慢慢下沉，进行均匀填充。柱顶部 1/4 处一般不填充吸附剂，以便使吸附剂上面始终保持一液层。柱填充好后，上面再覆盖 0.5cm 厚的海砂。

过柱时，首先把试样溶解在最小体积的溶剂中，用滴管将试液加到吸附剂的上面；试液加完并流到吸附剂上端时，立即加入展开剂进行展开，自始至终保持柱内液面高于吸附剂的顶端，否则柱内将出现气泡或裂缝。

试样中极性小的组分首先被洗脱下来，极性大的组分吸附较强，后被洗脱下来。

第3章 基础有机合成实验

实验十一 甲烷的制备与性质

一、实验目的

(1) 掌握甲烷的实验室制法。
(2) 了解甲烷的性质。

二、实验原理

脂肪烃包括三类：烷烃、烯烃和炔烃。烷烃分子中只含有单键，因此也称为饱和烃，它们是比较稳定的。甲烷是烷烃中结构最简单的化合物。实验室利用乙酸钠和氢氧化钠相互作用制甲烷。这个反应是一级均裂脱羧反应，即游离基反应。

链的引发和传递过程：

$$CH_3COONa \longrightarrow \cdot CH_3 + \cdot COONa$$

$$\cdot CH_3 + NaOH \longrightarrow CH_4 + \cdot ONa$$

$$\cdot ONa + CH_3COONa \longrightarrow \cdot CH_3 + Na_2CO_3$$

当过热时，链的传递过程中将会产生副产物丙酮：

$$\cdot CH_3 + CH_3COONa \longrightarrow CH_3COCH_3 + \cdot ONa$$

甲烷在一般条件下化学性质稳定。例如，常温下与强氧化剂高锰酸钾、溴水不反应。但在一定条件下，如点燃、高温或催化剂存在时，甲烷也可参与反应。

本实验的反应式如下：

$$CH_3COONa + NaOH \xrightarrow{\triangle} Na_2CO_3 + CH_4 \uparrow$$

$$CH_4 + 2O_2 \longrightarrow 2H_2O + CO_2$$

三、物理常数

表 3-1 各化合物的物理常数

名称	相对分子质量	性状	相对密度	熔点/℃	沸点/℃
无水乙酸钠	82.03	白色固体	1.53	324	
氢氧化钠	39.99	白色固体	2.13	318	1390
三氧化铁	159.69	红棕色固体	5.24	1566	3414
甲烷	16.04	无色气体	0.42	−183	−162

四、仪器和试剂

仪器：铁架台，酒精灯，托盘天平，试管，单孔橡皮塞，橡皮软管，玻璃棒，水槽，烧杯等。

试剂：无水乙酸钠，氢氧化钠，氧化铁，高锰酸钾，生石灰，溴水等。

实验装置图见图3-1。

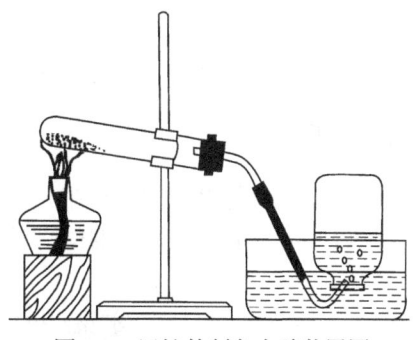

图3-1 甲烷的制备实验装置图

五、实验内容

1. 甲烷的制备

分别称取 1.4g 无水乙酸钠、0.4g NaOH 和 0.4g Fe_2O_3，研细混匀。将药品装入干燥试管，管口略向下倾斜，塞上带导管的橡皮塞并固定于铁架台上。预热 1min 后，再对试管底部加热 1～2min，即有大量 CH_4 生成。点燃，火焰高度 4～5cm，5min 可收集 500mL CH_4。

2. 甲烷的性质

(1) 甲烷与酸性高锰酸钾溶液反应。取一支试管，加入约 3mL 酸性高锰酸钾溶液，通入甲烷，观察颜色变化。

(2) 甲烷在空气中的燃烧。甲烷经验纯度后点燃，可看到浅蓝色火焰。在甲烷火焰上方倒置一个干燥的小烧杯，可观察到烧杯壁上有水珠生成。换一个用石灰水浸润的烧杯罩在甲烷火焰的上方，可观察到石灰水变浑浊，说明有 CO_2 生成。

(3) 甲烷与溴水反应。用排水法收集满一试管甲烷，然后再倒入约 3mL 溴水，塞上塞子振荡，观察颜色变化。

六、实验注意事项

(1) 实验前先检查装置的气密性。

(2) 试管口要略微向下倾斜，防止加热生成的水回流，使试管底部破裂。

(3) 导气管伸入发生装置内要稍露出橡皮塞(不要太长)，有利于产生的气体排出。

(4) 加热时先预热 1min。

(5) 实验结束后，先将导气管移出水面，然后熄灭酒精灯，防止水槽中的水倒流，炸裂试管。

(6) 该实验中 Fe_2O_3 的作用：作催化剂；使反应物疏松，气体易于逸出；隔离 NaOH 与试管接触。

(7) 甲烷在空气中燃烧时火焰小，原因是反应物量少，生成气体量少。

七、思考题

(1) 在制备甲烷的过程中，氧化铁的作用是什么？
(2) 甲烷能使酸性高锰酸钾溶液褪色吗？为什么？

实验十二 环己烯的制备

一、实验目的

(1) 掌握由环己醇制备环己烯的原理和方法。
(2) 熟悉分馏、洗涤、分液、干燥、蒸馏等操作。
(3) 了解消去反应的特点。

二、实验原理

环己烯主要通过环己醇脱水得到，常用的催化剂还有浓磷酸、对甲苯磺酸、强酸性质子交换树脂和杂多酸、布朗斯特(Bronsted)酸功能化离子液体等。

主反应：

$$\text{环己醇} \xrightarrow{\text{浓}H_2SO_4} \text{环己烯} + H_2O$$

三、物理常数

表 3-2 各化合物的物理常数

名称	相对分子质量	性状	相对密度	熔点/℃	沸点/℃
环己醇	100.16	无色液体	0.96	25	161
环己烯	82.14	无色液体	0.81	−104	83
浓硫酸	98.04	无色液体	1.84	10	338
碳酸钠	105.99	白色固体	2.53	851	1600

四、仪器和试剂

仪器：圆底烧瓶，分馏装置，分液漏斗，量筒等。

试剂：环己醇，浓硫酸，食盐，无水氯化钙，碳酸钠等。
实验装置见图 2-9。

五、实验内容

1. 小量合成法

(1) 在 50mL 干燥的圆底烧瓶中，加入 15.6mL 环己醇、1mL 浓硫酸和几粒沸石，充分振摇使其混合均匀。

(2) 烧瓶上装一短的分馏柱作分馏装置，接上冷凝管，用锥形瓶作接收器，外用冰水冷却。

(3) 将烧瓶在石棉网上用小火慢慢加热，控制加热速度使分馏柱上端的温度不要超过 90℃，馏出液为带水的混合物。

(4) 当烧瓶中只剩下很少量的残渣并出现阵阵白雾时，即可停止蒸馏。全部蒸馏时间约需 1h。

(5) 将蒸馏液用精盐饱和，然后加入适量 5%碳酸钠溶液中和微量的酸。将此液体倒入小分液漏斗中，振摇后静置。

(6) 分层。将下层水溶液自漏斗下端活塞放出，上层的粗产物自漏斗的上口倒入干燥的小锥形瓶中，加入 1~2g 无水氯化钙干燥。

(7) 将干燥后的产物滤入干燥的蒸馏瓶中，加入沸石后用水浴加热蒸馏。收集 80~85℃的馏分于已称量的干燥小锥形瓶中。

(8) 计算产率。

2. 半微量合成法

对甲苯磺酸催化法：在 10mL 干燥的圆底烧瓶中加入 3g 环己醇、0.5g 对甲苯磺酸和 2 小粒沸石。其余同上，全部蒸馏时间约需 25min，馏出液处理后用水浴蒸馏，收集 80~85℃的馏分，产量 1g。

六、实验注意事项

(1) 环己醇在常温下是黏稠液体(熔点 24℃)，若用量筒量取时，应注意转移中的损失。环己醇与浓硫酸应充分混合，否则在加热过程中会局部炭化。

(2) 最好用简易空气浴，即将烧瓶底部向上移动，稍微离开石棉网进行加热，使蒸馏瓶受热均匀。由于反应中环己烯与水形成共沸物(沸点 70.8℃，含水 10%)，环己醇与环己烯形成共沸物(沸点 64.9℃，含环己醇 30.5%)，环己醇与水形成共沸物(沸点 97.8℃，含水 80%)，因此在加热时温度不可过高，蒸馏速度不宜太快，以减少未作用的环己醇蒸出。

(3) 水层应尽可能分离完全，否则将增加无水氯化钙的用量，使产物更多地被干燥剂吸附而造成损失，这里用无水氯化钙干燥较适合，它还可除去少量的环己醇。

(4) 在蒸馏已干燥的产物时，蒸馏所用仪器都应充分干燥。

七、思考题

(1) 在制备环己烯的过程中，环己醇与浓硫酸为什么要充分摇匀？

(2) 如何用简单的化学方法证明最后得到的产品是环己烯？

实验十三 1-溴丁烷的制备

一、实验目的

(1) 掌握由正丁醇制备 1-溴丁烷的原理和方法。

(2) 掌握有害气体吸收装置和操作。

(3) 熟悉回流、萃取、洗涤、干燥、蒸馏等基本操作。

二、实验原理

卤代烷可通过多种方法和试剂进行制备，如烷烃的自由基卤代和烯烃与氢卤酸的亲电加成反应等。但因产生的异构体混合物难以分离，实验室制备卤代烷最常用的方法是将结构对应的醇通过亲核取代反应转变为卤代物，常用试剂有卤化氢、三卤化磷、氯化亚砜。

本实验是用正丁醇与氢溴酸反应制备，由于氢溴酸是一种极易挥发的无机酸，因此在制备时采用溴化钠与硫酸作用产生氢溴酸直接参与反应。

主反应：

$$NaBr + H_2SO_4 \longrightarrow HBr + NaHSO_4$$

$$n\text{-}C_4H_9OH + HBr \xrightarrow{H_2SO_4} n\text{-}C_4H_9Br + H_2O$$

副反应：

$$n\text{-}C_4H_9OH \xrightarrow{H_2SO_4} CH_3CH_2CH=CH_2 + H_2O$$

$$2n\text{-}C_4H_9OH \xrightarrow{H_2SO_4} (n\text{-}C_4H_9)_2O + H_2O$$

为了尽量使正丁醇作用完全，加入过量的硫酸和溴化钠。若硫酸用量和浓度过大，会加大副反应进行；若硫酸用量和浓度过小，不利于主反应发生，即氢溴酸和 1-溴丁烷的生成。

在浓硫酸的作用下，正丁醇容易脱水形成正丁烯，因此加入少量水以降低硫酸的浓度。

三、物理常数

表3-3　各化合物的物理常数

名称	相对分子质量	性状	相对密度	熔点/℃	沸点/℃
正丁醇	74.12	液体	0.80	−89	118
1-溴丁烷	137.02	液体	1.30	−11	102
浓硫酸	98.04	无色液体	1.84	10	338
碳酸钠	105.99	白色固体	2.53	851	1600
溴化钠	102.89	白色固体	3.20	747	1390

四、仪器和试剂

仪器：圆底烧瓶，蒸馏烧瓶，蒸馏头，冷凝管，接引管，分液漏斗，玻璃漏斗，锥形瓶等。

试剂：正丁醇，无水溴化钠（或溴化钾），浓硫酸，碳酸钠，无水氯化钙等。

实验装置见图3-2。

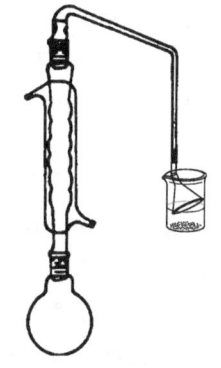

图3-2　1-溴丁烷的制备实验装置图

五、实验内容

1. 小量合成法

在50mL圆底烧瓶中加入5mL水，再小心地加入6mL浓硫酸，混合均匀并冷却至室温。再依次加入3.7mL正丁醇和5g研细的溴化钠，充分振摇后，加入一两粒沸石。烧瓶上装一回流冷凝管，在冷凝管的上口连接气体吸收装置以吸收逸出的溴化氢气体。将烧瓶放在石棉网上用小火加热至沸，保持平稳回流30min并间歇摇动反应装置，以使反应物充分接触。反应完成后，将反应物冷却，移去回流冷凝管，再加入一两粒沸石，改为蒸馏装置，蒸出粗产物1-溴丁烷，收集温度是92～94℃。

将馏出液倒入分液漏斗中，加入等体积的水洗涤，将粗产物分至另一干燥的小锥形瓶中，加入等体积的浓硫酸并充分摇匀，冷却后将混合物慢慢倒入分液漏斗中，静置并尽量分去硫酸层。余下的有机层依次用等体积的水、饱和碳酸钠溶液和水进行洗涤后，将下层的粗产物放入干燥的小锥形瓶中，用适量的块状无水氯化钙干燥，间歇摇动锥形瓶，直至液体澄清。

将干燥好的产物滤到蒸馏烧瓶中，加入一两粒沸石，在石棉网上用小火加热蒸馏，收集99～103℃的馏分，称量，计算产率。

2. 半微量合成法

在 10mL 圆底烧瓶中加入 1.20mL 水，慢慢加入 1.20mL（22.5mmol）浓硫酸，混合均匀并冷却至室温。加入 0.73mL（8mmol）正丁醇，混合后，加入研细的 1.3g（10mmol）溴化钠，充分振荡，装上冷凝管，冷凝管上口连接气体吸收装置。加热回流一定时间后，冷却，换上微型蒸馏头，蒸出 1-溴丁烷粗品。

用毛细滴管吸出馏出液，转移到 3mL 具塞离心试管中，加 0.20mL 水洗涤。用毛细滴管向液体中鼓气泡，搅拌洗涤，反复洗涤一两次。分层后，小心地用毛细滴管将水吸出。再用 0.10mL 浓硫酸洗涤，尽量分去硫酸层。用水和饱和碳酸氢钠溶液各 0.20mL 洗涤后，把产品吸出来放到干净、干燥的离心试管中，加一小块无水氯化钙干燥。

将干燥好的粗产品过滤到干燥的圆底烧瓶中，加入一粒沸石，装上温度计，加热蒸馏，收集 99～103℃的馏分。

3. 绿色合成法

溴化钾法：溴化钾 0.1mol、正丁醇 0.07mol、水 2.5mL，加入带有回流冷凝管的磨口锥形瓶中，加热搅拌下缓慢滴加浓硫酸 5mL，20min 滴加完毕。回流反应 3h 后，停止加热，从冷凝管口加入 30mL 水，分液。水相通过生石灰处理后可分离出硫酸钾；有机相则用饱和碳酸氢钠溶液洗涤后，再用水洗涤至中性。

粗产品用无水硫酸镁干燥，常压蒸馏收集 101～102℃的馏分，得到无色液体 1-溴丁烷，产率高达 96.3%。

六、注意事项

（1）加料顺序不能颠倒。应先加水，再加浓硫酸，依次是醇、NaBr。加水的目的是减少 HBr 的挥发，防止产生泡沫。

（2）加料过程中要不断地摇晃。水中加浓硫酸时振摇，是防止局部过热；加正丁醇时混匀，是防止局部炭化；加 NaBr 时振摇，是防止 NaBr 结块，影响 HBr 的生成。

（3）在回流过程中要不断地摇动烧瓶。增加两相分子的接触概率。

（4）吸气装置漏斗口不要淹没在水中，以防倒吸。

（5）正丁醇和正溴丁烷可形成共沸物(沸点 98.6℃，含正丁醇 13%)，故必须除净正丁醇。浓硫酸能溶解存在于粗物中少量未反应的正丁醇及副产物正丁醚等杂质，因此在用浓硫酸洗涤时，应充分振荡。

（6）用无水氯化钙干燥，不仅可除去水分，还可除去醇类，因为醇类化合物(特别是低级醇)可与氯化钙作用生成结晶醇而不溶于有机溶剂。

(7) 判断粗产物是否蒸完。判断的标准：馏出液由浑浊变澄清；蒸馏烧瓶内油层(上层)消失；取几滴馏出液，加少量水摇动，如无油珠，表示已蒸馏完毕。

(8) 蒸馏粗品正溴丁烷后，残余物应趁热倒出后洗涤，以防止结块后难以洗涤。

(9) 各步洗涤顺序不能颠倒，应正确判断产物相。

七、思考题

(1) 为什么要慢慢地分批加入浓硫酸？

(2) 为什么开始反应时反应液分为三层？每一层是什么物质？

(3) 洗涤时，各步产品在哪层？

实验十四　2-甲基-2-氯丙烷的合成

一、实验目的

(1) 学习以浓盐酸、叔丁醇为原料制备 2-甲基-2-氯丙烷的实验原理和过程。

(2) 进一步巩固蒸馏的基本操作和分液漏斗的使用方法。

二、实验原理

卢卡斯试剂($HCl + ZnCl_2$)可用来鉴别伯醇、仲醇、叔醇。一般来说，在碳原子数目相同的情况下，不同醇的反应活性按以下顺序下降：叔醇、仲醇、伯醇。叔醇在室温下可迅速与卢卡斯试剂发生反应，而伯醇则需要一定温度和时间。

即使氯化锌不存在，叔丁醇也能与浓盐酸发生反应，其反应式如下：

$$(CH_3)_3C-OH + HCl \longrightarrow (CH_3)_3C-Cl + H_2O$$

三、物理常数

表 3-4　各化合物的物理常数

名称	相对分子质量	性状	相对密度	熔点/℃	沸点/℃
叔丁醇	74	无色液体	0.79	25	82
盐酸	37	无色液体	1.20	−115	109
叔丁基氯	93	无色液体	0.87	−25	52
无水氯化钙	111	白色固体	2.15	782	1600

四、仪器和试剂

仪器：圆底烧瓶，直形冷凝管，分液漏斗，温度计，锥形瓶，烧杯，电热套等。
试剂：叔丁醇，浓盐酸，碳酸氢钠，无水氯化钙等。
实验装置见图 3-3。

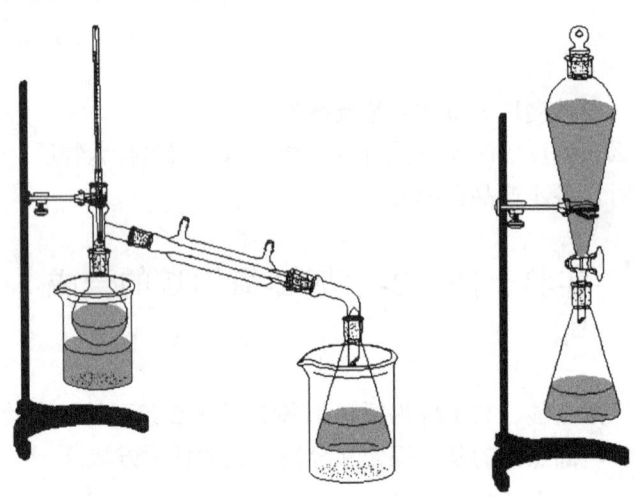

图 3-3　2-甲基-2-氯丙烷的制备实验装置图

五、实验内容

(1) 在 50mL 圆底烧瓶中，加入 8mL 叔丁醇和 21mL 浓盐酸后，搅拌 10～15min。

(2) 将混合物转入分液漏斗中，静置，待明显分层后，分去水层（下层）。有机层先后用 5mL 水、5mL 5％碳酸氢钠溶液、5mL 水洗涤，而后用无水氯化钙干燥。

(3) 将干燥后的产品转入蒸馏烧瓶中进行蒸馏，接收瓶置于冰水浴中，收集 50～51℃的馏分。

六、实验注意事项

(1) 叔丁醇凝固点较低，可能呈固态，需用温水溶化后取用。

(2) 2-甲基-2-氯丙烷由于分子间没有氢键，沸点较低，可以通过蒸馏提取。

七、思考题

(1) 在洗涤粗产品时，若碳酸氢钠溶液浓度过高，洗涤时间过长，将对产物有何影响？为什么？

(2) 2-甲基-2-氯丙烷的制备实验中，所得反应混合物中未反应的叔丁醇如何除去？

实验十五 苯乙醚的制备

一、实验目的

(1) 掌握苯乙醚的制备方法和原理。
(2) 巩固分液、蒸馏和回流的操作。

二、实验原理

威廉姆逊(Williamson)合成法是制备混合醚的一种方法,是由卤代烃与醇钠或酚钠作用而得。该反应是一种双分子亲核取代反应(S_N2)。威廉姆逊合成法中只能选用伯卤代烷与醇钠为原料。这是因为醇钠既是亲核试剂又是强碱,仲卤代烷、叔卤代烷(特别是叔卤代烷)在强碱条件下主要发生消除反应而生成烯烃。其反应使用的碱取决于醇羟基的酸性,若醇是烷基醇类,则一般都是强碱,如 NaH、KH、LDA(二异丙基氨基锂)、LHMDS[双(三甲基硅基)氨基锂]、NaHMDS(六甲基二硅烷重氮钠)等;而针对酚羟基这种强酸性羟基,则可以使用 NaOH、Na_2CO_3、K_2CO_3 这些较弱的路易斯碱。

本实验的反应式如下:

$$\text{PhOH} + \text{NaOH} \longrightarrow \text{PhONa} + H_2O$$

$$\text{PhONa} + \text{CH}_3\text{CH}_2\text{Br} \longrightarrow \text{PhOCH}_2\text{CH}_3 + \text{NaBr}$$

三、物理常数

表 3-5 各化合物的物理常数

名称	相对分子质量	性状	相对密度	熔点/℃	沸点/℃
溴乙烷	108.96	无色液体	1.46	−119	38
苯酚	94.11	无色固体	1.07	40	182
氢氧化钠	39.99	白色固体	2.13	318	1390
氯化钙	110.98	白色固体	2.15	782	1600
苯乙醚	122.16	无色液体	0.97	−30	172

四、仪器和试剂

仪器：三颈烧瓶，搅拌器，球形冷凝管，滴液漏斗，量筒，温度计，温度计套管，分液漏斗，玻璃棒，电炉，烧杯，布氏漏斗，抽滤瓶，锥形瓶，圆底烧瓶，空气冷凝管，蒸馏头，接引管等。

试剂：苯酚，氢氧化钠，溴乙烷，无水氯化钙，氯化钠，沸石等。

实验装置见图 3-4。

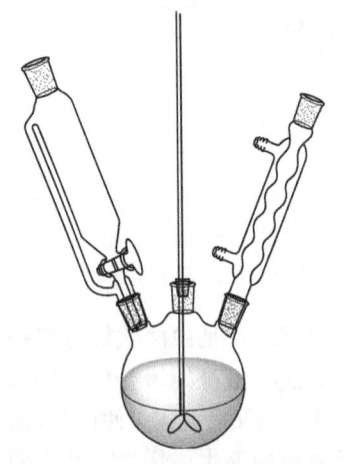

图 3-4　苯乙醚的制备实验装置图

五、实验内容

（1）在装有搅拌器、球形冷凝管和滴液漏斗的三颈烧瓶内加入 7.51g 苯酚、4.00g 氢氧化钠和 4.00mL 水。开动搅拌器，使固体物质全部溶解。

（2）用油浴加热反应瓶，控制温度为 80~90℃，慢慢滴加 8.5mL 溴乙烷，大约耗时 40min。继续搅拌 1h，降至室温。

（3）加入 20mL 水溶解反应瓶中的固体，而后经过分液留取油相。所得到的油相进行 3 次 10mL 饱和食盐水洗涤，在经过无水氯化钙干燥后，过滤，所得油相经过常压蒸馏，收集 168~171℃的馏分。

六、实验注意事项

（1）蒸馏的玻璃仪器要干燥完全，否则蒸出的产物中含有水分，而非澄清透明。
（2）溴乙烷沸点低，回流冷却水流量要大，以保证足够量的溴乙烷参与反应。

七、思考题

（1）油相为什么要经饱和食盐水洗涤？作用是什么？
（2）蒸馏时为什么选择空气冷凝管？

实验十六　正丁醚的制备

一、实验目的

（1）掌握醇分子间脱水制醚的反应原理和实验方法。
（2）学习分水器的实验操作。
（3）巩固分液漏斗的实验操作。

二、实验原理

醇分子间脱水是制备简单醚的方法。正丁醚制备的反应式如下:

主反应

$$\text{CH}_3\text{CH}_2\text{CH}_2\text{CH}_2\text{OH} \xrightarrow[134\sim135℃]{H_2SO_4} \text{CH}_3\text{CH}_2\text{CH}_2\text{CH}_2\text{-O-CH}_2\text{CH}_2\text{CH}_2\text{CH}_3 + H_2O$$

副反应

$$\text{CH}_3\text{CH}_2\text{CH}_2\text{CH}_2\text{OH} \xrightarrow[>135℃]{H_2SO_4} \text{CH}_3\text{CH}_2\text{CH}=\text{CH}_2 + H_2O$$

三、物理常数

表 3-6　各化合物的物理常数

名称	相对分子质量	性状	相对密度	熔点/℃	沸点/℃
正丁醇	74.12	无色液体	0.81	−89	117
正丁醚	130.23	无色液体	0.77	−98	142
浓硫酸	98.08	无色液体	1.84	10	338

四、仪器和试剂

仪器:三颈烧瓶,球形冷凝管,分水器,蒸馏头,尾接管,蒸馏瓶,升降台,万能夹,双顶丝,温度计,分液漏斗,蒸馏瓶,电热套等。

试剂:正丁醇,浓硫酸,无水氯化钙,氢氧化钠,氯化钙等。

实验装置见图 3-5。

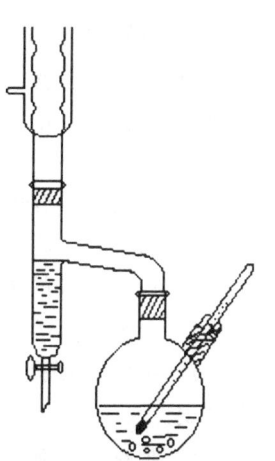

图 3-5　正丁醚的制备实验装置图

五、实验内容

(1) 在 50mL 三颈烧瓶中,加入 15.5mL 正丁醇、2.5mL 浓硫酸和几粒沸石,摇匀后,一口装上温度计,温度计插入液面以下,另一口装上分水器,分水器的上端接一回流冷凝管。

(2) 在分水器内放置(V−1.7) mL 水,另一口用塞子塞紧。然后将三颈烧瓶放在电热套上用小火加热至微沸,进行分水。反应中产生的水经冷凝后收集在分水器的下层，上层有机相积至分水器支管时，即可返回烧瓶。三颈烧瓶中反应液温度可达 134～136℃。当分水器全部被水充满时停止反应。若继续加热，则反应液变黑并有较多副产物丁烯生成。

(3) 将反应液冷却至室温后倒入盛有 25mL 水的分液漏斗中，充分振摇，静置后弃去下层液体。上层粗产物依次用两份 8mL 50%硫酸萃取洗涤两次，再用 10mL 水洗涤一次，用 1g 无水氯化钙干燥。

(4) 将干燥后的产物滤入 25mL 蒸馏瓶中蒸馏，收集 140～144℃的馏分，称量产物的质量，计算产率。

六、实验注意事项

(1) 加料时，正丁醇和浓硫酸如不充分摇动混匀，硫酸局部过浓，加热后易使反应溶液变黑。

(2) 按反应式计算，生成水的量约为 0.8g，但是实际分出水的体积要略大于理论计算量，因为有单分子脱水的副产物生成。

(3) 本实验利用共沸混合物蒸馏方法，采用分水器使反应生成的水层上面的有机层不断流回到反应瓶中，而将生成的水除去。在反应液中，正丁醚和水形成共沸物，沸点为 94.1℃，含水 33.4%。正丁醇和水形成共沸物，沸点为 93℃，含水 45.5%。正丁醚和正丁醇形成二元共沸物，沸点为 117.6℃，含正丁醇 82.5%。此外，正丁醚还能和正丁醇、水形成三元共沸物，沸点为 90.6℃，含正丁醇 34.6%，含水 29.9%。这些含水的共沸物冷凝后，在分水器中分层。上层主要是正丁醇和正丁醚，下层主要是水。利用分水器可以使分水器上层的有机物流回反应器中。

(4) 反应开始回流时，因为有共沸物的存在，温度不可能马上达到 135℃。但随着水被蒸出，温度逐渐升高，最后达到 135℃以上，即应停止加热。如果温度升得太高，反应溶液会炭化变黑，并有大量副产物丁烯生成。

(5) 50%硫酸的配制方法：20mL 浓硫酸缓慢加入 34mL 水中。

(6) 正丁醇能溶于 50%硫酸，而正丁醚溶解很少。

(7) 本实验根据理论计算失水体积为 1.5mL，故分水器放满水后先放掉约 1.7mL 水。

(8) 制备正丁醚的较宜温度是 134～135℃，但开始回流时，这个温度很难达到，因为正丁醚可与水形成共沸物(沸点 94.1℃，含水 33.4%)；另外，正丁醚与水及正丁醇形成三元共沸物(沸点 90.6℃，含水 29.9%，正丁醇 34.6%)，正丁醇也可与水形成共沸物(沸点 93℃，含水 44.5%)，故应在 100～115℃反应半小时后可达到 130℃以上。

(9) 在碱洗过程中，不要太剧烈地摇动分液漏斗，否则生成乳浊液，分离困难。

(10) 正丁醇溶于饱和氯化钙溶液中，而正丁醚微溶。

七、思考题

(1) 如何得知反应已经比较完全？
(2) 反应物冷却后为什么要倒入 25mL 水中？各步的洗涤目的何在？
(3) 能否用本实验方法由乙醇和 2-丁醇制备乙基仲丁基醚？用什么方法比较好？
(4) 计算理论上分出的水量。若实验中分出水的量超过理论数值，分析其原因。
(5) 怎样得知反应已经比较完全了？

实验十七　2-甲基-2-己醇的制备

一、实验目的

(1) 了解格氏(Grignard)试剂制备方法及其在有机合成中的应用。
(2) 掌握制备格氏试剂的基本操作。
(3) 巩固回流、萃取、蒸馏等操作技能。

二、实验原理

卤代烷烃与金属镁在无水乙醚中反应生成烃基卤化镁 RMgX，称为格氏试剂。格氏试剂能与羰基化合物等发生亲核加成反应，产物经水解后可得到醇类化合物。本实验以正溴丁烷为原料、乙醚为溶剂制备格氏试剂，而后再与丙酮发生加成、水解反应，制备 2-甲基-2-己醇。反应必须在无水、无氧、无活泼氢条件下进行，因为水、氧或其他活泼氢的存在都会破坏格氏试剂。

本反应的反应式为

三、物理常数

表 3-7　各化合物的物理常数

名称	相对分子质量	性状	相对密度	熔点/℃	沸点/℃
镁	24.3	白色固体	1.74	648	1107
正溴丁烷	137.0	无色液体	1.27	−112	101
丙酮	58.1	无色液体	0.78	−95	56
乙醚	74.1	无色液体	0.71	−116	35

四、仪器和试剂

仪器：三颈烧瓶，搅拌器，滴液漏斗，干燥管，球形冷凝管等。

试剂：镁屑，正溴丁烷，丙酮，无水乙醚，硫酸，碳酸钠，无水碳酸钾，碘片。

五、实验内容

1. 正丁基溴化镁的制备

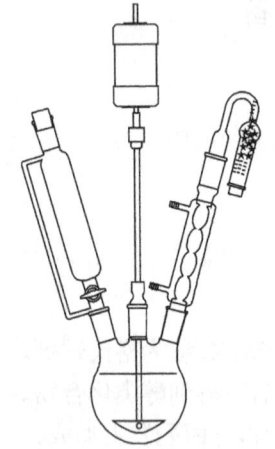

图 3-6　2-甲基-2-己醇的制备实验装置图

按实验装置图（图 3-6）装配仪器（所有仪器必须干燥）。向三颈烧瓶中投入 3.1g 镁屑、15mL 无水乙醚及一小粒碘片；在恒压滴液漏斗中混合 13.5mL 正溴丁烷和 15mL 无水乙醚。

先向瓶内滴入约 5mL 混合液，数分钟后溶液呈微沸状态，碘的颜色消失。若不发生反应，可用温水浴加热。反应开始比较剧烈，必要时可用冷水浴冷却。待反应缓和后，从冷凝管上端加入 25mL 无水乙醚。开动搅拌（用手帮助旋动搅拌棒的同时启动调速旋钮，至合适转速），并滴入其余的正溴丁烷-无水乙醚混合液，控制滴加速度维持反应液呈微沸状态。滴加完毕后，在热水浴上回流 20min，使镁屑几乎作用完全。

2. 2-甲基-2-己醇的制备

将上面制好的格氏试剂在冰水浴冷却和搅拌下，自恒压滴液漏斗中滴入 10mL 丙酮和 15mL 无水乙醚的混合液，控制滴加速度，勿使反应过于剧烈。加完后，在室温下继续搅拌 15min（溶液中可能有白色黏稠状固体析出）。将反应瓶在冰水浴冷却和搅拌下，自恒压滴液漏斗中分批加入 100mL 10% 硫酸溶液，分解上述加成产物(开始滴入宜慢，以后可逐渐加快)。待分解完全后，将溶液倒入分液漏斗中，分出醚层。水层每次用 25mL 乙醚萃取两次，合并醚层，用 30mL 5%碳酸钠溶液洗涤一次，分液后，用无水碳酸钾干燥。

3. 装配蒸馏装置

将干燥后的粗产物醚溶液分批装入小烧瓶中，用温水浴蒸去乙醚，再在石棉网上直接加热蒸出产品，收集 137~141℃的馏分。

六、实验注意事项

(1) 镁屑不宜长期存放。长期存放的镁屑需用 5%的盐酸溶液浸泡数分钟，抽滤后，依次用水、乙醇、乙醚洗涤，干燥。

(2) 本实验采用简易密封。也可用磁力搅拌替代电动搅拌。

(3) 本实验所用仪器、药品必须充分干燥。正溴丁烷用无水 $CaCl_2$ 干燥并蒸馏纯化，丙酮用无水 K_2CO_3 干燥并蒸馏纯化。仪器与空气连接处必须装 $CaCl_2$ 干燥管。

(4) 注意控制加料速度和反应温度。

(5) 使用和蒸馏低沸点物质乙醚时，要远离火源，防止外泄，注意安全。

七、思考题

(1) 实验中，在格氏试剂与加成物反应水解前的各步中，为什么使用的药品、仪器均需绝对干燥？应采取什么措施？

(2) 反应若不能立即开始，应采取什么措施？

(3) 实验中有哪些可能的副反应？应如何避免？

(4) 由格氏试剂与羰基化合物反应制备 2-甲基-2-己醇，还可采用何种原料？写出反应式。

实验十八　苯乙酮的制备

一、实验目的

(1) 学习傅瑞德尔-克拉夫茨(Friedel-Crafts)酰基化法制备芳酮的原理和方法。

(2) 熟练掌握有害气体吸收装置的安装及使用。

二、实验原理

傅瑞德尔-克拉夫茨酰基化反应是制备芳酮的最重要和最常用的方法之一,可用 $FeCl_3$、$SnCl_2$、BF_3、$ZnCl_2$、$AlCl_3$ 等路易斯酸作催化剂,催化性能以无水 $AlCl_3$ 和无水 $AlBr_3$ 最佳;分子内的傅瑞德尔-克拉夫茨酰基化反应还可用多聚磷酸(PPA)作催化剂。酸酐是常用的酰化试剂,这是因为酰卤味难闻,而酸酐原料易得、纯度高、操作方便,无明显的副反应或有害气体放出,反应平稳且产率高,生成的芳酮容易提纯。

酰基化反应常用过量的液体芳烃、二硫化碳、硝基苯、二氯甲烷等作为反应的溶剂。

傅瑞德尔-克拉夫茨反应是一个放热反应,通常是将酰基化试剂配成溶液后慢慢滴加到盛有芳香族化合物溶液的反应瓶中,并需密切注意反应温度的变化。

本实验的反应式如下:

$$C_6H_6 + (CH_3CO)_2O \xrightarrow{AlCl_3} C_6H_5COCH_3 + CH_3COOH$$

三、物理常数

表 3-8 各化合物的物理常数

名称	相对分子质量	性状	相对密度	熔点/℃	沸点/℃
乙酸酐	102.09	无色液体	1.08	−73	139
苯	78.11	无色液体	0.88	5.5	80
苯乙酮	120.15	无色液体	1.03	19.7	202

四、仪器和试剂

仪器:三颈烧瓶,搅拌器,直形冷凝管,滴液漏斗,干燥管,气体吸收装置,分液漏斗,空气冷凝管,蒸馏头,接引管,锥形瓶等。

试剂:乙酸酐,苯,无水三氯化铝,浓盐酸,氢氧化钠,无水硫酸镁。

实验装置见图 3-7。

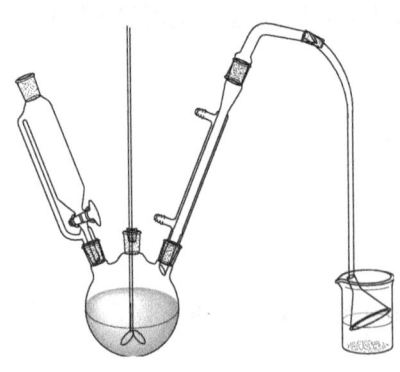

图 3-7 苯乙酮的制备实验装置图

五、实验内容

(1) 迅速称取 20g 经研细的无水三氯化铝,加入四颈烧瓶中,再加入 30mL 无水苯,开动电动搅拌装置。自滴液漏斗慢慢滴加 7mL 乙酸酐,控制滴加速度勿使反应过于剧烈,以三颈烧瓶稍热为宜,10~15min 滴加完毕。然后加热回流 50min,直至不再有氯化氢气体逸出。

(2) 将反应物冷至室温,在搅拌下倒入盛有 50mL 浓盐酸和 50g 碎冰的烧杯中进行分解(在通风橱进行)。当固体完全溶解后,将混合物转入分液漏斗,分出有机层,水层每次用 10mL 苯萃取两次。合并有机层和苯萃取液,依次用等体积的 5%氢氧化钠溶液和水洗涤一次,用无水硫酸镁干燥。

(3) 将干燥后的粗产品中的苯常压蒸去,当温度上升至 140℃左右时,停止加热,稍冷却后改换为减压蒸馏装置,根据真空度收集主馏分。

六、实验注意事项

(1) 无水三氯化铝的质量是实验成败的关键之一,研细、称量及投料均要迅速,避免长时间暴露在空气中。

(2) 本实验所用仪器和试剂均需充分干燥,否则影响反应顺利进行,装置中凡是和空气相通的部位应安装干燥管。

(3) 苯乙酮在不同压力下的沸点列于表 3-9。

表 3-9 苯乙酮在不同压力下的沸点

压力/mmHg	4	5	6	7	8	9	10	25
沸点/℃	60	64	68	71	73	76	78	98
压力/mmHg	30	40	50	60	100	150	200	
沸点/℃	102	109.4	115.5	120	133.6	146	155	

注:1mmHg=133.3224Pa。

七、思考题

(1) 水和潮气对本实验有何影响?在仪器装置和操作中应注意哪些事项?

(2) 反应完成后,为什么要加入浓盐酸和冰水的混合液?

(3) 在烷基化和酰基化反应中,三氯化铝的用量有何不同?为什么?

实验十九 2-硝基-1,3-苯二酚的制备

一、实验目的

(1) 复习、巩固芳环定位规律和活性位置保护的应用。
(2) 掌握磺化、硝化的原理和实验方法。
(3) 在了解水蒸气蒸馏原理的基础上,掌握水蒸气蒸馏装置的安装与操作。
(4) 练习、掌握减压过滤技术。

二、实验原理

酚羟基是较强的邻对位定位基,也是较强的致活基团。如果让间苯二酚直接硝化,由于反应太剧烈,不易控制;另外,由于空间效应,硝基会优先进入4、6位,很难进入2位。本实验利用磺酸基的强吸电子性和磺化反应的可逆性,先磺化,在4、6位引入磺酸基,既降低了芳环的活性,又占据了活性位置。再硝化时,受定位规律的支配,硝基只有进行2位,最后进行水蒸气蒸馏,即把磺酸基水解掉,又同时把产物随水一起蒸出来。本反应中磺酸基起到了占位、定位和钝化的作用。

水蒸气蒸馏是分离和纯化有机物的常用方法之一,尤其适用于反应产物是黏稠状或树脂状体系,用一般的蒸馏、萃取、结晶等方法不易纯化的情况。

根据道尔顿分压定律,当一个混合物中各组合的蒸气分压之和等于外界大气压时,混合物就开始沸腾。如果只有水和产物两个组分,则 $p_0 = p_a + p_b$。

而混合物中两个组分的蒸气分压之比又等于馏出液中两种物质的物质的量之比

$$\frac{p_a}{p_b} = \frac{n_a}{n_b} = \frac{m_a}{m_b} \frac{M_b}{M_a}$$

由此推导得出

$$\frac{m_a}{m_b} = \frac{M_a}{M_b} \frac{p_a}{p_b}$$

可见,两种物质在馏出液中的相对质量与它们的蒸气分压和摩尔质量成正比,即蒸气分压越高,被蒸出的量就越多。当蒸气分压小到一定程度,被蒸出的量就

很少了。因此，要进行水蒸气蒸馏的物质，必须满足以下三个条件：

(1) 被蒸馏的产物在100℃时必须有足够的蒸气压，通常>1.33kPa。
(2) 与水长时间共煮而不分解或发生反应。
(3) 不溶或几乎不溶于水，便于最后的分离。

三、物理常数

表 3-10 各化合物的物理常数

名称	相对分子质量	性状	相对密度	熔点/℃	沸点/℃
间苯二酚	110.11	无色固体	1.27	110	276
浓硫酸	98.08	无色液体	1.84	10.36	338
浓硝酸	63	无色液体	1.4	−42	83

四、仪器和试剂

仪器：长颈烧瓶，烧杯，水蒸气发生器，直形冷凝管，玻璃棒等。

试剂：间苯二酚，浓硫酸，浓硝酸，尿素，乙醇。

实验装置见图 3-8。

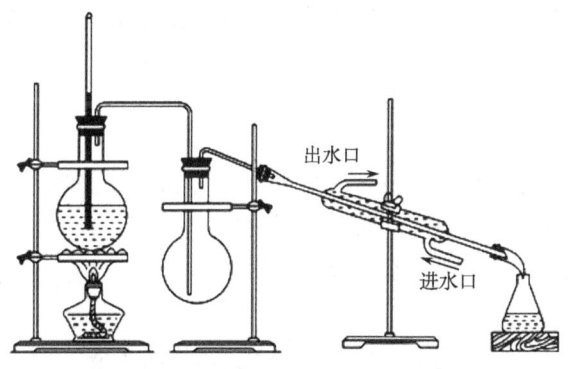

图 3-8 水蒸气蒸馏实验装置

五、实验内容

(1) 将 2.8g 间苯二酚放入 100mL 烧杯中，加入 13mL 浓硫酸，同时充分搅拌，然后使反应物在 60~65℃反应 15min。

(2) 将烧杯放入冷水浴中冷至室温。用滴管滴加硝硫混酸 5mL，边滴加边搅拌，控制温度于(30±5)℃继续搅拌 15min。

(3) 将反应物移入长颈烧瓶中，小心地加入 7mL 水稀释，控制温度在 50℃以下，加入 0.1g 尿素，然后进行水蒸气蒸馏，当无油状物蒸出时，停止蒸馏，充分冷却、过滤得粗品。

(4) 将粗品用少量乙醇-水混合溶剂重结晶，得橘红色晶体，称量，计算产率。

六、实验注意事项

(1) 本实验一定注意先磺化，后硝化。否则会剧烈反应，甚至产生事故。

(2) 间苯二酚很硬，要充分研碎，否则磺化只能在颗粒表面进行，磺化不完全。

(3) 酚的磺化在室温就可进行，如果反应太慢，10min 不变白，可用 60℃的水温热，加速反应。

(4) 硝化反应比较快，因此硝化前磺化混合物要先在冰水浴中冷却，混酸也要冷却，最好在 10℃以下；硝化时，也要在冷却下边搅拌边慢慢滴加混酸，否则反应物易被氧化而变成灰色或黑色。

(5) 水蒸气蒸馏时，冷凝水要控制得很小，一滴一滴地滴，否则产物凝结于冷凝管壁的上端，会造成堵塞。

(6) 反应液转入长颈烧瓶时，应顺着玻璃棒加入，加入 10g 碎冰稀释，温度不能超过 50℃。再用 5mL 冰水洗涤烧杯，并转入烧瓶。切记，加冰水不能太多，否则水蒸气蒸馏时会蒸不出产品。

(7) 晶体用 10mL 50%的乙醇水溶液(5mL 水+5mL 乙醇)洗涤，不要太多，否则损失产品。

七、思考题

(1) 实验产率低(10 %左右)，而文献产率为 30%～35%，为什么？
(2) 为什么不能直接硝化，而要先磺化？
(3) 水蒸气蒸馏的原理和条件分别是什么？

实验二十　环己酮的制备

一、实验目的

(1) 了解氧化法制备环己酮的原理和方法。
(2) 掌握萃取、分离和干燥等实验操作及空气冷凝管的应用。

二、实验原理

反应式如下：

$$\text{环己醇} \xrightarrow{Na_2Cr_2O_7, H_2SO_4} \text{环己酮}$$

三、物理常数

表 3-11　各化合物的物理常数

名称	相对分子质量	性状	相对密度	熔点/℃	沸点/℃
环己醇	100	无色液体	0.96	25.5	161
环己酮	98	无色液体	0.95	−31	156
浓硫酸	98	无色液体	1.84	10	338
重铬酸钠	262	红色固体	2.35	357	400

四、仪器和试剂

仪器：圆底烧瓶，温度计，蒸馏头，空气冷凝管，分液漏斗等。

试剂：重铬酸钠，环己醇，浓硫酸。

实验装置见图 3-9。

五、实验内容

1. 氧化剂的制备

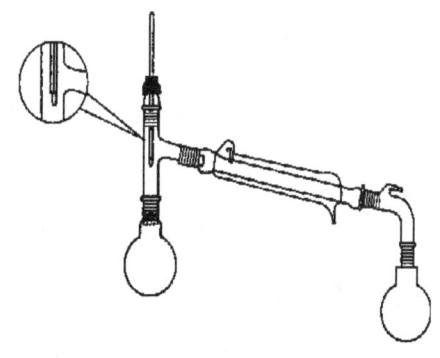

图 3-9　环己酮的制备实验装置图

在搅拌的条件下，向 7.5mL 水和 1.3g 重铬酸钠的溶液中慢慢加入 1.1mL 浓 H_2SO_4，得橙红色铬酸溶液，冷至室温备用。

2. 环己酮的制备

向 2.5 g 环己醇中分三次加入上述铬酸溶液，每加一次都振摇混匀，并控制反应液温度为 55～60℃。反应约 0.5h 后温度开始下降，再放置 15min，其间不断振摇，至反应液呈墨绿色为止。向反应液内加入 7.5mL 水，进行简易水蒸气蒸馏，将环己酮与水一起蒸出，收集 6mL 馏出液。用食盐饱和后，分出有机相。水相用 7.5mL 乙醚分两次萃取，萃取液并入有机相。然后经干燥、空气冷凝管蒸馏，收集 151～155℃的馏分。产量为 0.8～1.0g。

六、实验注意事项

（1）滴加浓 H_2SO_4 要缓慢，分批滴加。

(2) 铬酸氧化醇是放热反应,实验中必须严格控制反应温度以防反应过于剧烈。反应中控制好温度,温度过低反应困难,过高则副反应增多。

七、思考题

(1) 本实验的氧化剂能否改用硝酸或高锰酸钾?为什么?
(2) 蒸馏产物时为何使用空气冷凝管?

实验二十一 乙酸乙酯的制备

一、实验目的

(1) 了解由醇和羧酸制备羧酸酯的原理和方法。
(2) 学习液体有机物的蒸馏、洗涤和干燥等基本操作。

二、实验原理

浓硫酸催化下,乙酸和乙醇反应生成乙酸乙酯。

$$CH_3COOH + CH_3CH_2OH \xrightleftharpoons[\Delta]{H_2SO_4} CH_3COOCH_2CH_3 + H_2O$$

三、物理常数

表 3-12 各化合物的物理常数

名称	相对分子质量	性状	相对密度	熔点/℃	沸点/℃
冰醋酸	60.05	无色液体	1.05	16.6	118.1
乙醇	46.07	无色液体	0.78	−114.5	78.4
乙酸乙酯	88.10	无色液体	0.91	−83.6	77.3
浓硫酸	98.08	无色液体	1.84	10.36	338

四、仪器和试剂

仪器:圆底烧瓶,温度计,蒸馏头,直形冷凝管,分液漏斗等。
试剂:冰醋酸,无水乙醇,浓硫酸,碳酸钠,氯化钠,氯化钙,硫酸镁。
实验装置见图 3-10。

五、实验内容

(1) 100mL 圆底烧瓶中加 14.3mL 冰醋酸和 23mL 乙醇，摇动下(防止局部炭化)慢慢加入 7.5mL 浓硫酸，混匀后加几粒沸石，装刺形分馏柱。水浴(控温，防止炭化)加热回流 0.5h。

(2) 稍冷后，改为蒸馏装置，水浴加热蒸馏，到不再有馏出物为止，得粗乙酸乙酯。

(3) 摇动下慢慢向粗产物中加饱和碳酸钠溶液，直到没有气体逸出，有机相对 pH 试纸呈中性为止。将液体转入分液漏斗中，摇振后静置，分去水相，有机相用 10mL 饱和食盐水洗涤，而后用无水硫酸钠干燥。

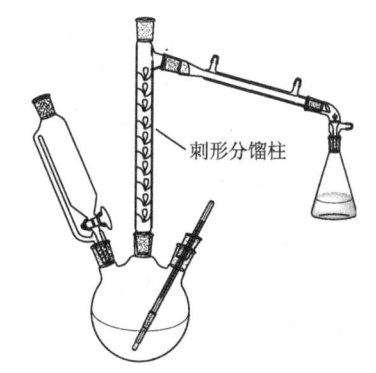

图 3-10　乙酸乙酯的制备实验装置图

六、实验注意事项

(1) 用饱和食盐水去掉过量的碳酸钠，饱和食盐水可以降低酯的溶解度。
(2) 对反应物加热不能太急。

几点说明：
(1) 浓硫酸的作用：催化剂；吸水剂。
(2) 饱和碳酸钠溶液的作用：中和反应挥发出的乙酸；溶解反应挥发出的乙醇；减小乙酸乙酯的溶解度。
(3) 提高产率采取的措施(该反应为可逆反应)：用浓硫酸吸水，平衡正向移动；加热将酯蒸出。
(4) 提高产量的措施：用浓硫酸作催化剂、吸水剂；加热(既加快反应速率，又将酯蒸出)；用饱和碳酸钠溶液收集乙酸乙酯(减少损失)。

七、思考题

(1) 酯化反应有什么特点？本实验如何创造条件使酯化反应尽量向生成物方向进行？
(2) 本实验有哪些可能的副反应？
(3) 如果采用乙酸过量是否可以？为什么？

实验二十二　乙酸异戊酯的制备

一、实验目的

(1) 熟悉酯化反应的原理，掌握乙酸异戊酯的制备方法。

(2) 掌握带分水器的回流装置的安装与操作。
(3) 熟悉液体有机物的干燥,掌握分液漏斗的使用方法。
(4) 学会利用萃取洗涤和蒸馏的方法纯化液体有机物的操作技术。

二、实验原理

乙酸异戊酯为无色透明液体,不溶于水,易溶于乙醇、乙醚等有机溶剂。它是一种香精,具有香蕉气味,又称为香蕉油。实验室通常采用冰醋酸和异戊醇在浓硫酸的催化下发生酯化反应来制取。反应式如下:

$$CH_3\overset{O}{\overset{\|}{C}}-OH + HOCH_2CH_2\overset{CH_3}{\overset{|}{C}HCH_3} \underset{\triangle}{\overset{H_2SO_4}{\rightleftharpoons}} CH_3\overset{O}{\overset{\|}{C}}-OCH_2CH_2\overset{CH_3}{\overset{|}{C}HCH_3} + H_2O$$

乙酸　　　　　　　异戊醇　　　　　　　　　　　　乙酸异戊酯

由于酯化反应是可逆的,本实验采取加入过量冰醋酸,并除去反应中生成的水,使反应不断向右进行,提高酯的产率。生成的乙酸异戊酯中混有过量的冰醋酸、未完全转化的异戊醇、起催化作用的硫酸及副产物醚类,可经过洗涤、干燥和蒸馏予以除去。

三、物理常数

表 3-13　各化合物的物理常数

名称	相对分子质量	性状	相对密度	熔点/℃	沸点/℃
乙酸	60.05	无色液体	1.05	17	118
异戊醇	88.15	无色液体	0.81	−117	133
浓硫酸	98.04	无色液体	1.84	10	338
乙酸异戊酯	130.19	无色液体	0.87	−78	143

四、仪器和试剂

仪器:三颈烧瓶,球形冷凝管,分水器,蒸馏烧瓶,直形冷凝管,接液管,分液漏斗,量筒,温度计,锥形瓶,布氏漏斗,抽滤瓶,电热套。

试剂:异戊醇,冰醋酸,硫酸,碳酸钠,氯化钠,沸石,无水硫酸镁。

回流装置见图 3-5。蒸馏装置见图 3-9。

五、实验内容

1. 酯化

在干燥的三颈烧瓶中加入 18mL 异戊醇和 15mL 冰醋酸,在振摇与冷却下加入 1.5mL 浓硫酸，混匀后放入一两粒沸石。安装带分水器的回流装置，三颈烧瓶中口安装分水器，分水器中事先充水至支管口处，然后放出 3.2mL 水。一侧口安装温度计(温度计应浸入液面以下)，另一侧口用磨口塞塞住。

检查装置气密性后，用电热套(或甘油浴)缓缓加热，当温度升至约 108℃时，三颈烧瓶中的液体开始沸腾。继续升温，控制回流速度，使蒸气浸润面不超过冷凝管下端的第一个球，当分水器充满水，反应温度达到 130℃时，反应基本完成，大约需要 1.5h。

2. 洗涤

停止加热，稍冷后拆除回流装置。将烧瓶中的反应液倒入分液漏斗中，用 15mL 冷水淋洗烧瓶内壁，洗涤液并入分液漏斗。充分振摇，接通大气静置，待分界面清晰后，分去水层。再用 15mL 冷水重复操作一次。然后酯层用 20mL 10%碳酸钠溶液分两次洗涤。最后再用 15mL 饱和食盐水洗涤一次。

3. 干燥

经过水洗、碱洗和食盐水洗涤后的酯层由分液漏斗上口倒入干燥的锥形瓶中，加入 2g 无水硫酸镁，配上塞子，充分振摇后放置 30min。

4. 蒸馏

安装一套普通蒸馏装置。将干燥好的粗酯小心滤入干燥的蒸馏烧瓶中，放入一两粒沸石，加热蒸馏。用干燥的量筒收集 138～142℃的馏分，量取体积并计算产率。

六、实验注意事项

(1) 加浓硫酸时，要分批加入，并在冷却下充分振摇，以防止异戊醇被氧化。
(2) 回流酯化时，要缓慢均匀加热，以防止炭化并确保完全反应。
(3) 碱洗时放出大量热并有二氧化碳产生，因此洗涤时要不断放气，防止分液漏斗内的液体冲出来。
(4) 最后蒸馏时仪器要干燥，不得将干燥剂倒入蒸馏瓶内。

七、思考题

(1) 制备乙酸异戊酯时，使用的哪些仪器必须是干燥的？为什么？
(2) 分水器内为什么事先要充有一定量水？
(3) 酯化反应制得的粗酯中含有哪些杂质？是如何除去的？洗涤时能否先碱洗再水洗？
(4) 酯可用哪些干燥剂干燥？为什么不能使用无水氯化钙进行干燥？

实验二十三 水杨酸甲酯的合成

一、实验目的

(1) 熟悉酯化反应原理,掌握水杨酸甲酯的制备方法。
(2) 掌握减压蒸馏与常压蒸馏的操作方法。

二、实验原理

水杨酸甲酯最初是从冬青类植物中提取,因而称为冬青油。目前大多以浓硫酸为催化剂进行化学合成。其反应式为

$$\text{水杨酸} + \text{MeOH} \underset{H_2SO_4}{\rightleftharpoons} \text{水杨酸甲酯} + H_2O$$

三、物理常数

表 3-14 各化合物的物理常数

名称	相对分子质量	性状	相对密度	熔点/℃	沸点/℃
水杨酸	138	白色固体	1.14	158	211
甲醇	32	无色液体	0.79	−98	65
水杨酸甲酯	152	无色液体	1.18	−8	222

四、仪器和试剂

仪器:球形冷凝管,三颈烧瓶,水银温度计,分液漏斗,量筒,烧杯,锥形瓶,恒温槽。
试剂:水杨酸,甲醇,浓硫酸,碳酸氢钠,无水氯化钙。
实验装置见图 3-11。

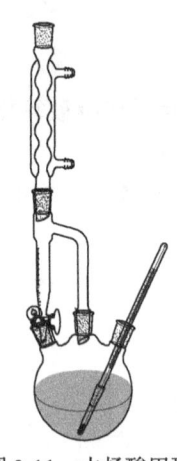

图 3-11 水杨酸甲酯的制备实验装置图

五、实验内容

(1) 在带分水功能的回流装置中放入 6.9g 水杨酸和 30mL 甲醇,小心加入浓硫酸,充分摇匀后,加入一两粒沸石,装上回流冷凝管,在石棉网上加热回流 1.5h。
(2) 反应完毕,将烧瓶冷却,加入 50mL 蒸馏水,然后转移至分液漏斗中,分出下层产物,从上口倒出上层水层,回收。有机层再倒

入分液漏斗中，依次用 30mL 5% 碳酸氢钠洗涤一次，30mL 水洗涤一次，将产物移至干燥的锥形瓶中，加入 0.5g 无水氯化钙干燥。

(3) 用 50mL 圆底烧瓶和克氏蒸馏头安装减压蒸馏装置，接上减压系统，检查并记录体系的真空度。将水杨酸甲酯粗品置于蒸馏烧瓶中，用油泵减压蒸馏，收集 1.87kPa(14mmHg)的冬青油馏分。

(4) 用常压蒸馏回收上层水层中的甲醇，倒入回收瓶中。

六、实验注意事项

(1) 反应用仪器一定要干燥，否则将降低水杨酸甲酯的产率。
(2) 反应温度不能过高，否则生成的酯容易分解，影响产率。

七、思考题

(1) 酯化反应有哪些特点？本实验中如何提高产品产率？
(2) 粗产品中含有哪些杂质？如何将它们除去？

实验二十四　呋喃甲醇和呋喃甲酸的制备

一、实验目的

(1) 学习呋喃甲醛在浓碱条件下进行坎尼扎罗反应制得相应的醇和酸的反应原理和方法。
(2) 了解芳香杂环衍生物的性质。

二、实验原理

在浓的强碱作用下，不含 α-活泼氢的醛类可以发生分子间自身氧化还原反应，一分子醛被氧化成酸，而另一分子醛则被还原为醇，此反应称为坎尼扎罗(Cannizzaro)反应。反应实质是羰基的亲核加成。反应涉及羟基负离子对一分子不含 α-H 的醛的亲核加成，加成物的负氢向另一分子醛的转移和酸碱交换反应，其反应机理表示如下：

在坎尼扎罗反应中，通常使用 50%的浓碱，其中碱的物质的量比醛的物质的量多一倍以上，否则反应不完全，未反应的醛与生成的醇混在一起，通过一般蒸馏很难分离。

$$2 \text{ } \underset{O}{\boxed{}}\text{—CHO} \xrightarrow{\text{浓NaOH}} \underset{O}{\boxed{}}\text{—CH}_2\text{OH} + \underset{O}{\boxed{}}\text{—COONa}$$

$$\underset{O}{\boxed{}}\text{—COONa} \xrightarrow{\text{H}^+} \underset{O}{\boxed{}}\text{—COOH}$$

三、物理常数

表 3-15　各化合物的物理常数

名称	相对分子质量	性状	相对密度	熔点/℃	沸点/℃
呋喃甲醛	96.09	无色液体	1.16	−36	162
呋喃甲酸	102.08	白色固体	1.32	129	231
呋喃甲醇	98.10	无色液体	1.14	−29	170
氢氧化钠	39.99	白色固体	2.13	318	1390

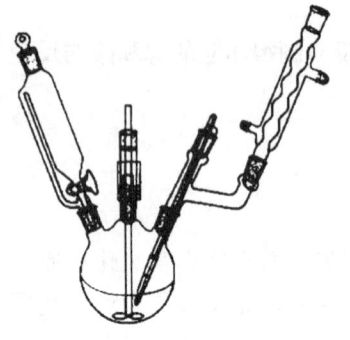

图 3-12　呋喃甲醇和呋喃甲酸的制备实验装置图

四、仪器和试剂

仪器：三颈烧瓶，烧杯，滴液漏斗，温度计，球形冷凝管，搅拌器，分液漏斗，抽滤瓶等。

试剂：呋喃甲醛，氢氧化钠，乙醚，无水硫酸镁，浓盐酸。

实验装置图见图 3-12。

五、实验内容

（1）在 50mL 烧杯中加入 3.28mL（3.8g，0.04mol）呋喃甲醛，并用冰水冷却；另取 1.6g 氢氧化钠溶于 2.4mL 水中，冷却。在搅拌下滴加氢氧化钠水溶液于呋喃甲醛中。滴加过程必须保持反应混合物温度为 8~12℃，加完后，保持此温度继续搅拌 40min，得黄色浆状物。

（2）在搅拌下向反应混合物加入适量水（约 5mL）使其恰好完全溶解，得暗红色溶液，将溶液转入分液漏斗中，用乙醚萃取（3mL ×4），合并乙醚萃取液，用无水硫酸镁干燥后，先在水浴中蒸去乙醚，然后在石棉网上加热蒸馏，收集 169~172℃馏分，产量为 1.2~1.4g。纯粹呋喃甲醇为无色透明液体，沸点为 171℃。

(3) 在乙醚提取后的水溶液中慢慢滴加浓盐酸，搅拌，滴至刚果红试剂变蓝（约 1mL），冷却，结晶，抽滤，产物用少量冷水洗涤，抽干后，收集粗产物，然后用水重结晶，得白色针状呋喃甲酸，产量约 1.5g，熔点为 130~132℃。

六、实验注意事项

(1) 反应温度若高于 12℃，则反应难以控制，致使反应物变成深红色；若温度过低，则反应过慢，可能积累一些氢氧化钠。一旦发生反应，则过于剧烈，增加副反应，影响产量及纯度。由于氧化还原是在两相间进行的，因此必须充分搅拌。
(2) 呋喃甲醇也可用减压蒸馏，收集 88℃/4.666kPa 的馏分。
(3) 酸要加够，以保证 pH=3 左右，使呋喃甲酸充分游离出来，这是影响呋喃甲酸收率的关键。
(4) 蒸馏回收乙醚时注意安全。

七、思考题

(1) 乙醚萃取后的水溶液用盐酸酸化，为什么要用刚果红试纸？如不用刚果红试纸，怎样知道酸化是否恰当？
(2) 本实验根据什么原理来分离呋喃甲酸和呋喃甲醇？

实验二十五　苯甲酸和苯甲醇的合成

一、实验目的

(1) 学习由苯甲醛制备苯甲醇和苯甲酸的原理和方法。
(2) 进一步掌握萃取、洗涤、蒸馏、干燥和重结晶等基本操作。

二、实验原理

无 α-H 的醛在浓碱溶液作用下发生坎尼扎罗反应，一分子醛被氧化成羧酸，另一分子醛则被还原成醇，该反应又称为歧化反应。本实验采用苯甲醛在浓氢氧化钠溶液中发生坎尼扎罗反应，制备苯甲醇和苯甲酸，反应式如下：

$$2 C_6H_5CHO + NaOH \longrightarrow C_6H_5CH_2OH + C_6H_5COONa$$

$$C_6H_5COONa + HCl \longrightarrow C_6H_5COOH + NaCl$$

三、物理常数

表3-16　各化合物的物理常数

名称	相对分子质量	性状	相对密度	熔点/℃	沸点/℃
苯甲醛	106	无色液体	1.04	−26	178
苯甲醇	108	无色液体	1.04	−15	205
苯甲酸	122	无色固体	1.27	122	249

四、仪器和试剂

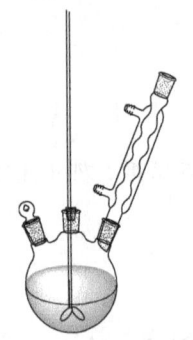

图3-13　苯甲酸和苯甲醇的合成反应装置图

仪器：圆底烧瓶，球形冷凝管，分液漏斗，空气冷凝管，蒸馏头，温度计套管，温度计，支管接引管，锥形瓶，空心塞，量筒，烧杯，布氏漏斗，抽滤瓶，表面皿，红外灯，机械搅拌器。

试剂：苯甲醛，氢氧化钠，浓盐酸，乙醚，亚硫酸氢钠，碳酸钠，无水硫酸镁。

五、实验内容

(1) 在250mL三颈烧瓶上安装机械搅拌及回流冷凝管，另一口塞住，如图3-13所示。

(2) 加入8g氢氧化钠和30mL水，搅拌溶解。稍冷，加入10mL新蒸过的苯甲醛。

(3) 开启搅拌器，调整转速，使搅拌平稳进行。加热回流约40min。

(4) 停止加热，从球形冷凝管上口缓缓加入冷水20mL，摇动均匀，冷却至室温。

(5) 反应物冷却至室温后，倒入分液漏斗，用乙醚萃取三次，每次10mL。水层保留待用。

(6) 合并三次乙醚萃取液，依次用5mL饱和亚硫酸氢钠、10mL 10%碳酸钠溶液、10mL水洗涤。

(7) 分出醚层，倒入干燥的锥形瓶，加无水硫酸镁干燥，注意锥形瓶上要加塞。

(8) 安装低沸点液体的蒸馏装置，缓缓加热蒸出乙醚(回收)。

(9) 升高温度蒸馏，当温度升到140℃时改用空气冷凝管，收集198～204℃的馏分，即为苯甲醇，量体积，回收，计算产率。

(10) 将第(5)步保留的水层慢慢地加入盛有30mL浓盐酸和30mL水的混合

物中，同时用玻璃棒搅拌，析出白色固体。

(11) 冷却，抽滤，得到粗苯甲酸。

(12) 粗苯甲酸用水作溶剂重结晶，需加活性炭脱色。产品在红外灯下干燥后称量，回收，计算产率。

六、实验注意事项

(1) 本实验需要用乙醚，而乙醚极易着火，使用时周围必须没有任何种类的明火。蒸乙醚时可在接引管支管上连接一长橡皮管，通入水槽的下水管内或引出室外。接收器用冷水浴冷却。

(2) 重结晶提纯苯甲酸可用水作溶剂，苯甲酸在水中的溶解度为：80℃时，每 100mL 水中可溶解苯甲酸 2.2g。

七、思考题

(1) 试比较歧化反应与羟醛缩合反应在醛的结构上有何不同。

(2) 本实验中两种产物是根据什么原理分离提纯的？用饱和亚硫酸氢钠及 10%碳酸钠溶液洗涤的目的是什么？

(3) 乙醚萃取后剩余的水溶液，用浓盐酸酸化到中性是否最恰当？为什么？

(4) 为什么要用新蒸过的苯甲醛？长期放置的苯甲醛含有什么杂质？如不除去，对本实验有何影响？

实验二十六　肉桂酸的制备

一、实验目的

(1) 学习肉桂酸的制备原理和方法。

(2) 学习水蒸气蒸馏的原理及其应用，掌握水蒸气蒸馏的装置及操作方法。

二、实验原理

芳香醛与具有 α-H 原子的脂肪酸酐在相应的无水脂肪酸钾盐或钠盐的催化下共热发生缩合反应，生成芳基取代的 α,β-不饱和酸，此反应称为珀金(Perkin)反应。反应式如下：

$$\text{C}_6\text{H}_5\text{CHO} + (\text{CH}_3\text{CO})_2\text{O} \xrightarrow[150\sim170℃]{\text{KAc}} \text{C}_6\text{H}_5\text{CH}=\text{CHCOOH} + \text{CH}_3\text{COOH}$$

珀金反应的催化剂通常是相应酸酐的羧酸钾或钠盐，有时也可用碳酸钾或叔胺代替。反应时，可能是酸酐受乙酸钾(钠)的作用，生成一个酸酐的负离子，负离子和醛发生亲核加成，生成中间物 β-羟基酸酐，然后再发生失水和水解作用，得到不饱和酸。反应机理如下：

$$(CH_3CO)_2O + CH_3COOK \longrightarrow [H_2C-\underset{O}{C}-O-\underset{O}{C}-CH_3]K^+ + CH_3COOH$$

$$PhCHO + {}^-H_2C-\underset{O}{C}-O-\underset{O}{C}-CH_3 \longrightarrow Ph-\underset{H}{\overset{O^-}{C}}-CH_2-\underset{O}{C}-O-\underset{O}{C}-CH_3$$

$$\xrightarrow{CH_3COOH}$$

$$Ph-CH=CH-\underset{O}{C}-O-\underset{O}{C}-CH_3 \xleftarrow{-H_2O} Ph-\underset{H}{\overset{OH}{C}}-CH_2-\underset{O}{C}-O-\underset{O}{C}-CH_3$$

$$\downarrow$$

$$Ph-HC=\underset{H}{C}-COOH + CH_3COOH$$

三、物理常数

表 3-17　各化合物的物理常数

名称	相对分子质量	性状	相对密度	熔点/℃	沸点/℃
苯甲醛	106	无色液体	1.04	−26	178
乙酸酐	102	无色液体	1.08	−73	139
肉桂酸	148	无色固体	1.25	134	300
乙酸钾	98	无色固体	1.57	292	

四、仪器和试剂

仪器：三颈烧瓶，直形冷凝管，圆底烧瓶，75°弯管，直形冷凝管，支管接引管，锥形瓶，量筒，烧杯，布氏漏斗，抽滤瓶，表面皿，红外灯。

试剂：苯甲醛，乙酸酐，无水乙酸钾，碳酸钠，浓盐酸，活性炭。

五、实验内容

(1) 在 250mL 三颈烧瓶中依次加入无水乙酸钾 6g、苯甲醛 6mL、乙酸酐 11mL、沸石 2 粒。

(2) 安装反应装置如图 3-14 所示,三颈烧瓶一口堵塞,一口插入温度计进液相,一口装直形冷凝管。

(3) 用电热套加热,控制温度在 150～170℃,回流 1h。要注意控制加热速度,防止物料从直形冷凝管顶端逸出,必要时可再接一个冷凝管。

(4) 将反应液冷却至约 100℃,加入 40mL 热水,此时有固体析出。

(5) 向三颈烧瓶内加入饱和碳酸钠溶液,并摇动三颈烧瓶,用 pH 试纸检验,直到 pH 为 8 左右,需饱和碳酸钠溶液 30～40mL。

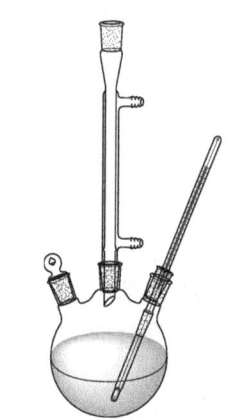

图 3-14 肉桂酸的制备实验装置图

(6) 安装水蒸气蒸馏装置,蒸出未反应的苯甲醛,蒸到馏出液澄清无油珠时停止蒸馏(可用盛水的烧杯去接引管下接几滴馏出液,检验有无油珠),约需 20min。

(7) 将剩余液转入 400mL 烧杯中,补加少量水至液体总量为 200～250mL,再加 1～2 匙活性炭。

(8) 煮沸脱色 5min。

(9) 趁热减压过滤,滤液转入干净的烧杯,冷却至室温。

(10) 搅拌下慢慢加入浓盐酸,到 pH 试纸变红,需要 20～40mL。

(11) 冷却到室温后,减压过滤,滤饼用 5～10mL 冷水洗涤,抽干。

(12) 滤饼转入表面皿,红外灯下干燥。产品称量,回收,计算产率。

六、实验注意事项

(1) 久置的苯甲醛中含苯甲酸,故需蒸馏提纯。苯甲酸含量较多时可用如下方法除去:先用10%碳酸钠溶液洗至无CO_2放出,然后用水洗涤,再用无水硫酸镁干燥,干燥时加入1%对苯二酚以防氧化,减压蒸馏,收集79℃/25mmHg或69℃/15mmHg或62℃/10mmHg 的馏分,沸程2℃,储存时可加入0.5%的对苯二酚。

(2) 无水乙酸钾需新鲜熔融。将含水乙酸钾放入蒸发皿内,加热至熔融,立即倒在金属板上,冷后研碎,置于干燥器中备用。

(3) 在加热过程中,由于CO_2的逸出,最初反应时反应混合物会出现泡沫。

(4) 反应混合物在 150～170℃下长时间加热,发生部分脱羧而产生不饱和烃类副产物,并进而生成树脂状物,若反应温度过高(200℃),这种现象更明显。

(5) 肉桂酸有顺反异构体，通常以反式存在，为无色晶体，熔点为133℃。

(6) 如果产品不纯，可在水或乙醇与水混合液(体积比为1∶1)中进行重结晶。

七、思考题

(1) 具有何种结构的醛能进行铂金反应？

(2) 本实验中在水蒸气蒸馏前为什么用饱和碳酸钠溶液中和反应物？

(3) 为什么不能用氢氧化钠代替碳酸钠溶液中和反应物？

(4) 水蒸气蒸馏通常在哪三种情况下使用？被提纯物质必须具备哪些条件？

(5) 肉桂酸能溶于热水，难溶于冷水，试问如何提纯？制订操作步骤，并说明每一步的作用。

(6) 苯甲醛和丙酸酐在无水丙酸钾存在下相互作用得到什么产物？写出反应式。

(7) 反应中，如果使用与酸酐不同的羧酸盐，会得到两种不同的芳香丙烯酸，为什么？

实验二十七 乙酰乙酸乙酯的制备

一、实验目的

(1) 学习乙酰乙酸乙酯的制备原理和方法。

(2) 掌握无水操作及减压蒸馏等操作。

二、实验原理

乙酰乙酸乙酯是一种重要的有机合成原料，在医药上用于合成氨基吡啉、维生素B等，也用于偶氮黄色染料的制备，还用于调和苹果香精及其他果香香精。在农药生产上用于合成有机膦杀虫剂蝇毒磷的中间体α-氯代乙酰乙酸乙酯、嘧啶氧膦的中间体、杀菌剂恶霉灵、除草剂咪唑乙烟酸、杀鼠剂杀鼠醚、杀鼠灵等，也是杀菌剂新品种嘧菌环胺、氟嘧菌胺、呋吡菌胺及植物生长调节剂杀雄啉的中间体。此外，乙酰乙酸乙酯还广泛用于医药、塑料、染料、香料、清漆及添加剂等行业。

利用克莱森(Claisen)缩合反应，可将两分子具有α-氢的酯在醇钠的催化作用下制得β-酮酸酯，其反应如下：

$$CH_3COOC_2H_5 \xrightleftharpoons{\text{乙醇钠}} CH_3COCH_2COOC_2H_5 + C_2H_5OH$$

(1) 通常以酯和金属钠为原料，且酯过量(同时作为溶剂)，钠为计量依据物。

(2) 利用酯中含有的微量醇与钠反应生成醇钠，随着反应的进行，醇不断生成，钠不断溶解，醇钠不断产生，反应能不断进行，直至钠消耗完毕。作为原料的酯的含醇量过高又会影响产率，一般要求酯的含醇量在3%以下。

(3) 反应体系中如有水存在，对反应不利。钠的损失降低了产率，也抑制了反应的进行，故要求反应体系无水。

(4) 反应中使用钠珠或钠丝可使其与酯的接触面积增大，故先用邻二甲苯作溶剂制成细小的钠珠，以利于反应的进行。

乙酰乙酸乙酯在常压蒸馏下很易分解，产生"去水乙酸"，故应采用减压蒸馏法。

三、物理常数

表 3-18　各化合物的物理常数

名称	相对分子质量	性状	相对密度	熔点/℃	沸点/℃
乙酸乙酯	88.12	无色液体	0.90	−84	77
邻二甲苯	106.16	无色液体	0.88	−26	144
钠	23.0	银白色固体	0.97	98	883
乙酰乙酸乙酯	130.14	无色或微黄色液体	1.02	−45	180
氯化钙	110.98	白色固体	2.15	782	1600

四、仪器和试剂

仪器：圆底烧瓶，球形冷凝管，干燥管，蒸馏头，分液漏斗，接液管，温度计，油泵，量筒，电热套，毛细管，直形冷凝管，安全瓶，压力计。

试剂：金属钠，乙酸乙酯，邻二甲苯，乙酸，氯化钠，无水硫酸钠，氯化钙。

实验装置见图 3-15。

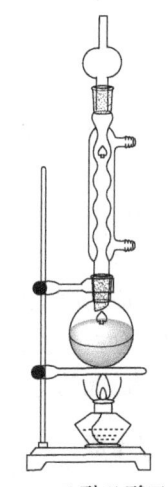

图 3-15　乙酰乙酸乙酯的制备反应装置图

五、实验内容

1. 制钠珠

将 0.9g 金属钠和 5mL 干燥的邻二甲苯放入装有回流冷凝管的 50mL 圆底烧瓶中。加热使钠熔融。拆去冷凝管，用磨口玻璃塞塞紧圆底烧瓶，趁热用力振摇(两下)得细粒状钠珠。

2. 回流、酸化

稍经放置钠珠沉于瓶底，将邻二甲苯倒入指定回收瓶中。迅速向瓶中加入 10mL 乙酸乙酯，装上冷凝管，并在其顶端装氯化钙干燥管。反应开始有氢气泡逸出。如反应很慢，可稍加温热。待剧烈的反应过后，则小火加热，保持微沸状态，直至所有金属钠全部作用完为止。此时生成的乙酰乙酸乙酯钠盐为橘红色透明溶液。待反应物稍冷后，在摇荡下加入 50%的乙酸溶液，直到反应液呈弱酸性（pH=5～6）为止。此时，所有的固体物质均已溶解。

3. 分液、干燥

将溶液转移到分液漏斗中，加入等体积的饱和氯化钠溶液，用力摇振片刻。静置后，乙酰乙酸乙酯分层析出。分出上层粗产物，用无水硫酸钠干燥后滤入蒸馏瓶，并用少量乙酸乙酯洗涤干燥剂，一并转入蒸馏瓶中。

4. 蒸馏和减压蒸馏

先水浴蒸去未作用的乙酸乙酯，然后将剩余液移入 50mL 圆底烧瓶中，用减压蒸馏装置进行减压蒸馏。减压蒸馏时必须缓慢加热，待残留的低沸点物质蒸出后，再升高温度，收集乙酰乙酸乙酯。

六、实验注意事项

(1) 实验仪器需干燥。

原因：① 金属钠易与水反应放出氢气以及大量的热，易导致燃烧和爆炸；② 钠与水反应生成的 NaOH 易使乙酸乙酯水解成乙酸钠，造成原料耗损；③ 水使金属钠消耗，难以形成碳负离子中间体，导致实验失败。

(2) 制备实验中，加入 50%乙酸和饱和食盐水。

因为乙酰乙酸乙酯分子中亚甲基上的氢比乙醇的酸性强得多（pK_a=10.65），反应后生成乙酰乙酸乙酯的钠盐，必须用乙酸酸化才能使乙酰乙酸乙酯游离出来。用饱和食盐水洗涤的目的是降低酯在水中的溶解度，以减少产物的损失，增加乙酰乙酸乙酯的产率。

七、思考题

(1) 该实验为什么采取减压蒸馏？

(2) 取 2～3 滴产品溶于 2mL 水中，加 1 滴 1%三氯化铁溶液，会发生什么现象？如何解释？

实验二十八　对硝基苯甲酸的制备

一、实验目的

(1) 进一步了解苯环侧链氧化反应的原理和方法。
(2) 了解机械搅拌的用途，学习其安装和使用方法。
(3) 熟练掌握回流、抽滤、重结晶等过程的操作。

二、实验原理

芳烃的侧链氧化是制备芳酸最重要的方法。当芳环上存在卤素、硝基及磺酸基等时并不影响侧链的氧化，但当芳环上存在羟基和氨基时，大多数氧化剂将使分子遭受破坏而得到复杂的氧化产物；而烷氧基和乙酰氨基的存在，烷基的氧化却不受影响，并可得到高产率的羧酸。

其反应式如下：

$$\text{4-O}_2\text{N-C}_6\text{H}_4\text{-CH}_3 + \text{Na}_2\text{Cr}_2\text{O}_7 + 4\text{H}_2\text{SO}_4 \longrightarrow \text{4-O}_2\text{N-C}_6\text{H}_4\text{-COOH} + \text{Na}_2\text{SO}_4 + \text{Cr}_2(\text{SO}_4)_3 + 5\text{H}_2\text{O}$$

该反应为两相反应，还要不断滴加浓硫酸，为了增加两相的接触面，尽可能使其迅速均匀地混合，以避免局部过浓、过热而导致其他副反应的发生或有机物的分解，本实验要不断振荡。这样不但可以较好地控制反应温度，也能缩短反应时间和提高产率。生成的粗产品为酸性固体物质，可通过加碱溶解再酸化的方法纯化。纯化的产品用蒸汽浴干燥。

三、物理常数

表 3-19　各化合物的物理常数

名称	相对分子质量	性状	相对密度	熔点/℃	沸点/℃
对硝基甲苯	137.14	黄色固体	1.29	51.3	238
重铬酸钾	294.19	红色固体	2.35	356.7	400
浓硫酸	98.08	无色液体	1.84	10.4	290
对硝基苯甲酸	167.12	黄色固体	1.61	242	359

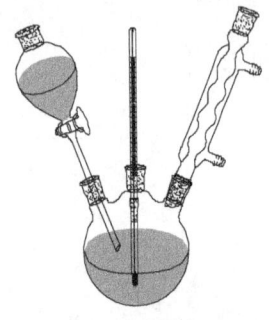

图 3-16 对硝基苯甲酸的
制备反应装置图

四、仪器和试剂

仪器：三颈烧瓶，球形冷凝管，滴液漏斗，抽滤装置等。

试剂：对硝基甲苯，重铬酸钾，浓硫酸，氢氧化钠。实验装置见图 3-16。

五、实验内容

（1）在 250mL 的三颈烧瓶中依次加入 2g 对硝基甲苯、6g 重铬酸钾粉末及 15mL 水。

（2）在振荡下自滴液漏斗滴入 10mL 浓硫酸。注意用冷水冷却，以免对硝基甲苯因温度过高挥发而凝结在冷凝管上。

（3）硫酸滴完后，加热回流 0.5h，反应液呈黑色。此过程中，冷凝管可能会有白色的对硝基甲苯析出，可适当关小冷凝水，使其熔融滴下。

（4）待反应物冷却后，搅拌下加入 40mL 冰水，有沉淀析出，抽滤并用 20mL 水分两次洗涤。

（5）将洗涤后的对硝基苯甲酸的黑色固体放入盛有 20mL 5%硫酸中，沸水浴上加热 10min，冷却后抽滤（目的是除去未反应的铬盐）。

（6）将抽滤后的固体溶于 10mL 5% NaOH 溶液中，50℃温热后抽滤，在滤液中加入 1g 活性炭，煮沸，趁热抽滤。此步操作很关键，温度过高，对硝基甲苯熔化被滤入滤液中；温度过低，对硝基苯甲酸钠会析出，影响产物的纯度或产率。

（7）充分搅拌下将抽滤得到的滤液慢慢加入盛有 60mL 15%硫酸溶液的烧杯中，析出黄色沉淀，抽滤，用少量冷水洗涤两次，干燥后称量（加入顺序不能颠倒，否则会造成产品不纯）。

六、实验注意事项

（1）从滴加浓硫酸开始，整个反应过程中一直保持振荡。

（2）滴加浓硫酸时，只振荡，不加热；加浓硫酸的速度不能太快，否则会引起剧烈反应。

（3）转入 40mL 冷水中后，可再用少量(约 10mL)冷水洗涤烧瓶。

（4）碱溶时，可适当温热，但温度不能超过 50℃，以防未反应的对硝基甲苯熔化，进入溶液。

（5）酸化时，将滤液倒入酸中，不能反过来将酸倒入滤液中。

（6）纯化后的产品用蒸汽浴干燥。

七、思考题

(1) 芳环侧链的氧化方法有哪些？氧化的规律有哪些？
(2) 本实验为非均相反应，除电动搅拌外，还有哪些措施？
(3) 为什么酸化时要将滤液倒入酸中，而不能反过来将酸倒入滤液中？

实验二十九　二苯甲醇的合成

一、实验目的

(1) 掌握酮还原制备醇的方法和机理。
(2) 熟悉回流、重结晶等的基本操作。

二、实验原理

二苯甲醇可以通过用多种还原剂还原二苯甲酮得到。在碱性醇溶液中用锌粉还原，是制备二苯甲醇常用的方法，适用于中等规模的实验室制备。对于小量合成，硼氢化钠是更理想的能选择性地将醛酮还原为醇的负氢试剂，使用方便，反应可在含水和醇的溶液中进行。

其化学方程式为

$$\underset{}{\text{Ph}_2\text{C=O}} \xrightarrow{\text{NaBH}_4,\text{CH}_3\text{OH}} \text{Ph}_2\text{CHOH}$$

三、物理常数

表 3-20　各化合物的物理常数

名称	相对分子质量	性状	相对密度	熔点/℃	沸点/℃
二苯甲酮	182.22	白色固体	1.09	48	306
二苯甲醇	184.23	白色固体	1.10	67	298
硼氢化钠	37.83	白色固体	1.04	300	500
甲醇	32.04	无色液体	0.79	−97	65

四、仪器和试剂

仪器：圆底烧瓶，球形冷凝管，抽滤装置等。

试剂：二苯甲酮，甲醇，硼氢化钠，石油醚。
实验装置见图 3-17。

五、实验内容

(1) 在装有回流冷凝管的 100mL 圆底烧瓶中，加入 3.66 g (20.08mmol) 二苯甲酮和 16mL 甲醇，摇动使其溶解。

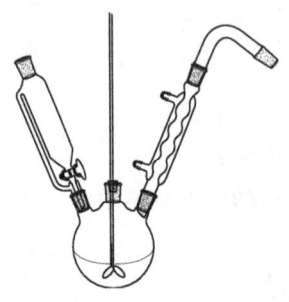

图 3-17　二苯甲醇的合成回流反应装置图

(2) 迅速称取 0.46g (12.2mmol) 硼氢化钠加入瓶中，摇动使其溶解。反应物自然升温至沸，然后室温下放置 20min，并不时振荡。

(3) 加入 6mL 水，在水浴上加热至沸，保持 5min。冷却，析出结晶。抽滤。粗品干燥后用石油醚(沸程 60～90℃，每克粗品约需 3mL 石油醚)重结晶。

六、实验注意事项

(1) $NaBH_4$ 加入瓶中要迅速，安上回流冷凝管，防止反应剧烈而冲出瓶外。
(2) 重结晶时要水浴，防止着火。
(3) 称量 $NaBH_4$ 要迅速，防止潮解。

七、思考题

(1) 由羰基化合物制备醇的方法有哪些?
(2) $LiAlH_4$ 和 $NaBH_4$ 的还原性有何区别?

实验三十　肥皂的制备

一、实验目的

(1) 学习肥皂的制备原理和方法。
(2) 认识油脂的重要性质——皂化反应，练习抽滤等操作方法。

二、实验原理

油脂和氢氧化钠共煮，水解为高级脂肪酸钠和甘油，前者经加工成型后就是肥皂。化学方程式为

$$(C_{17}H_{35}COO)_3C_3H_5 + 3NaOH \xrightarrow{\text{加热}} 3C_{17}H_{35}COONa + C_3H_5(OH)_3$$

原料及其作用如下。

(1) 天然动植物油脂：主要是提供所需的长链混合物脂肪酸。不同的油脂所含的脂肪酸有所不同，制肥皂一般要求脂肪酸的碳链长度为 $C_{12}\sim C_{16}$，合适的油脂主要有椰子油（C_{12} 为主）、棕榈油（$C_{16}\sim C_{18}$）、猪牛油（$C_{16}\sim C_{18}$）等。脂肪酸的饱和度会对肥皂的品质产生影响，不饱和度高时，肥皂质软而难成块状，所以通常将部分油脂先进行催化加氢使其成为饱和度高的硬化油（或称氢化油），然后与其他油脂搭配使用。此外，饱和度低时肥皂的抗硬水性能也较差。

(2) 碱：主要是使用碱金属氢氧化物，这样制得的肥皂才有良好的水溶性。使用碱土金属氧化物的肥皂称为金属皂，难溶于水，一般用作油漆的催干剂和乳化剂等，不作洗涤用。

(3) 其他：为了改善肥皂产品的外观和适应特殊用途，可加入色素、香料、抗菌剂、消毒物以及乙醇、白糖等，制成香皂、药皂、透明皂等产品。

三、物理常数

表 3-21 各化合物的物理常数

名称	相对分子质量	性状	相对密度	熔点/℃	沸点/℃
氢氧化钠	39.99	白色固体	2.13	318	1390
甘油	92.09	无色液体	1.26	19	291
氯化钠	58.4	无色固体	2.16	801	1465

四、仪器和试剂

仪器：烧杯，玻璃棒，抽滤装置等。

试剂：猪油（或其他动植物脂肪或油），氢氧化钠，乙醇，氯化钠。

五、实验内容

(1) 肥皂制备：将 10g 氢氧化钠溶于 18mL 水和 18mL 95%乙醇的混合液中。将此混合液和 10g 猪油（或别的脂肪或油）加入 250mL 烧杯中。将烧杯置于蒸汽浴上加热至少 30min。制备另一 1:1（体积比）的乙醇-水溶液 40mL，在 30min 的加热过程中，每当需要阻止起泡时就应每次小部分地加入此乙醇-水溶液，要不断地将混合物加以搅拌。

(2) 将 50g 氯化钠溶解在 150mL 水中并放置于 400mL 烧杯中（若不能完全溶解，可将其加热溶解，在进行下一步操作前应将其冷却）。快速将皂化混合物倒入冷的盐溶液中，将混合物彻底搅拌几分钟，然后在冰浴中将其冷至室温。用布氏漏斗将沉淀出来的肥皂真空过滤加以收集。用两份冰冷的水洗涤肥皂。继续抽吸，让空气通过肥皂，使产物部分地得到干燥，让肥皂干燥过夜，称量产物的质量。

六、实验注意事项

(1) 油脂不易溶于碱水,加入乙醇的目的是增加油脂在碱液中的溶解度,加快皂化反应速率。

(2) 加热若不用水浴,则必须用小火。

(3) 皂化反应时,要保持混合液的原有体积,不能让烧杯里的混合液煮干或溅溢到烧杯外面。

七、思考题

(1) 为何加入盐溶液能使肥皂沉淀析出?

(2) 为什么在皂化中需要用乙醇-水溶液而不能单用水?

(3) 肥皂与洗涤剂在性质上有什么相同点及不同点?

实验三十一 甲基橙的制备

一、实验目的

(1) 熟悉重氮化反应和偶合反应的原理。

(2) 掌握甲基橙的制备方法。

二、实验原理

重氮化是指一级胺与亚硝酸在低温下作用生成重氮盐的反应。芳香族伯胺和亚硝酸作用生成重氮盐的反应称为重氮化,芳伯胺常称为重氮组分,亚硝酸为重氮化剂,因为亚硝酸不稳定,通常使用亚硝酸钠和盐酸(或硫酸)使反应时生成的亚硝酸立即与芳伯胺反应,避免亚硝酸的分解,重氮化反应后生成重氮盐。

芳香族伯胺在酸性介质中和亚硝酸钠作用生成重氮盐,重氮盐与芳香叔胺偶联,生成偶氮染料。将对氨基苯磺酸与氢氧化钠作用生成易溶于水的盐,再与 HNO_2 重氮化,然后与 N,N-二甲基苯胺偶联,得到粗产品甲基橙。甲基橙制备的相关反应方程式如下:

$$H_2N-C_6H_4-SO_3H \longrightarrow H_2N-C_6H_4-SO_3Na + H_2O$$

$$H_2N-C_6H_4-SO_3Na \xrightarrow[\text{HCl}]{\text{NaNO}_2} [HO_3S-C_6H_4-N_2^+]Cl^-$$

$$\xrightarrow[\text{HAc}]{\text{PhN(CH}_3)_2} \left[\text{HO}_3\text{S}-\text{C}_6\text{H}_4-\overset{H}{\underset{+}{N}}=N-\text{C}_6\text{H}_4-\text{N(CH}_3)_2 \right] \text{Ac}^-$$

$$\xrightarrow{\text{NaOH}} \text{NaO}_3\text{S}-\text{C}_6\text{H}_4-N=N-\text{C}_6\text{H}_4-\text{N(CH}_3)_2$$

三、物理常数

表 3-22 各化合物的物理常数

名称	相对分子质量	性状	相对密度	熔点/℃	沸点/℃
氢氧化钠	40.0	白色固体	2.1	318	1390
冰醋酸	60.0	无色液体	1.1	17	118
亚硝酸钠	69.0	白色固体	2.2	270	
对氨基苯磺酸	173.2	白色固体	1.5	280	
二甲基苯胺	121.2	无色液体	1.0	2.5	193

四、仪器和试剂

仪器：烧杯，抽滤瓶，布氏漏斗，刻度吸管，温度计，玻璃棒，试管，pH 试纸，量筒，电炉。

试剂：氢氧化钠，对氨基苯磺酸，亚硝酸钠，浓盐酸，二甲基苯胺，冰醋酸。

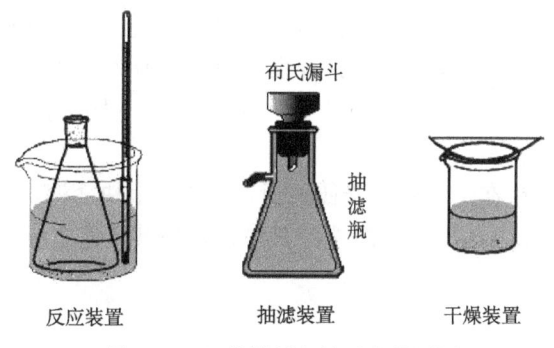

图 3-18 甲基橙制备的反应装置图

五、实验内容

1. 重氮盐的制备

将 5mL 5% NaOH 溶液和 1.05g 对氨基苯磺酸晶体的混合物温热溶解，向该混合物中加入溶于 3mL 水的 0.4g 亚硝酸钠,在冰盐浴中冷至 0～5℃。在不断搅拌下,将 1.5mL 浓盐酸与 5mL 水配成的溶液缓缓滴加到上述混合溶液中,并控制温度在 5℃以下。滴加完后,用淀粉-碘化钾试纸检验,然后在冰盐浴中放置 15min,以保证反应完全。

2. 偶合

将 0.6g N,N-二甲基苯胺和 0.5mL 冰醋酸的混合溶液在不断搅拌下慢慢加到上述冷却的重氮盐溶液中。加完后继续搅拌 10min,然后慢慢加入 12.5mL 5% NaOH 溶液,直至反应物变为橙色,这时有粗制的甲基橙呈细粒状沉淀析出。将反应物在热水浴中加热 5min,然后经过冷却、析晶、抽滤,收集结晶,并依次用少量水、乙醇、乙醚洗涤,压干。若要得较纯产品,可用溶有少量氢氧化钠的沸水进行重结晶。

六、实验注意事项

(1) 对氨基苯磺酸是两性化合物,其酸性略强于碱性,所以它能溶于碱中而不溶于酸中。

(2) 重氮化反应中,溶液酸化时生成亚硝酸,同时,对氨基苯磺酸钠变为对氨基苯磺酸从溶液中以细粒状沉淀析出,并立即与亚硝酸作用,发生重氮化反应,生成粉末状的重氮盐。为了使对氨基苯磺酸完全重氮化,反应过程必须不断搅拌。

(3) 重氮化反应过程中控制温度很重要,若温度高于 5℃,则生成的重氮盐易水解成酚类,降低产率。

(4) 偶合反应结束后反应液呈弱碱性,若呈中性,则继续加入少量碱液至恰呈碱性,因强碱性又易生成树脂状聚合物而得不到所需产物。

(5) 重结晶操作应迅速,否则由于产品呈碱性,温度高易使产物变质,颜色变深。

(6) 湿的甲基橙在空气中受光照射后,颜色会很快变深,故一般得紫红色粗产物,如再依次用水、乙醇、乙醚洗涤晶体,可使其迅速干燥。

七、思考题

(1) 什么是偶联反应?试结合本实验讨论偶联反应的条件。

(2) 在本实验中,制备重氮盐时为什么要把对氨基苯磺酸变成钠盐?本实验如改成下列操作步骤:先将对氨基苯磺酸与盐酸混合,再滴加亚硝酸钠溶液进行重氮化反应,可以吗?为什么?

(3) 试解释甲基橙在酸碱介质中的变色原因,并用反应式表示。

实验三十二 蒽与马来酸酐的反应

一、实验目的

(1) 学习并掌握马来酸酐与蒽反应制备 9,10-二氢蒽-9,10-α,β-马来酸酐的方法。

(2) 学习并掌握第尔斯-阿尔德加成反应。

二、实验原理

共轭双烯烃和亲双烯试剂发生 1,4-加成反应生成环己烯型化合物,称为第尔斯-阿尔德反应。第尔斯-阿尔德反应不仅是合成六元环有机化合物的重要方法,而且在理论上占有重要的位置。反应是一个亲双烯体对一个共轭双烯的 1,4-加成反应,即包含着一个 2π 电子体系对一个 4π 电子体系的加成。因此,该反应也称为[4+2]环加成反应。当双烯上含有烷基、烷氧基等给电子基团以及亲双烯体上含有羰基、羟基、酯基、氰基等吸电子基团时,反应速率加快。此反应是一步发生的协同反应,不存在活泼的反应中间体。第尔斯-阿尔德反应具有可逆性和立体定向的顺式加成两大特点。

蒽的中心环有双烯结构,在 9,10-位上能与亲双烯试剂——顺丁烯二酸酐发生加成反应,生成稳定的加成物,但反应是可逆的。

其反应式如下:

三、物理常数

表 3-23 各化合物的物理常数

名称	相对分子质量	性状	相对密度	熔点/℃	沸点/℃
蒽	178.22	黄色固体	1.24	215	340
马来酸酐	98.06	无色固体	1.48	53	202

四、仪器和试剂

仪器：圆底烧瓶，电热套，球形冷凝管，布氏漏斗，真空干燥器。
试剂：蒽，马来酸酐，二甲苯。
实验装置见图 3-13。

五、实验内容

（1）将 2g 蒽、1g 马来酸酐和 25mL 无水二甲苯加入 50mL 圆底烧瓶中，连接回流冷凝管。

（2）将圆底烧瓶在电热套上加热回流 30min（200℃条件下）。将液面的边缘上析出的晶体振荡下去，再继续加热 5min，反应液颜色逐渐变浅，停止加热。

（3）趁热用预热过的布氏漏斗过滤，过滤放冷，抽滤分出固体产物，在真空干燥器内干燥。

六、实验注意事项

（1）无水二甲苯为溶剂，可使反应物溶解，增加反应物接触机会。
（2）生成物在 262℃分解，反应温度不宜过高。

七、思考题

（1）什么是第尔斯-阿尔德反应？
（2）第尔斯-阿尔德反应有哪两大特点？

第4章 天然产物的提取实验

实验三十三　茶叶中提取咖啡因

一、实验目的

(1) 学习从茶叶中提取咖啡因的基本原理和方法，了解咖啡因的一般性质。
(2) 掌握用索氏提取器提取有机物的原理和方法。
(3) 进一步熟悉萃取、蒸馏、升华等基本操作。

二、实验原理

咖啡因又名咖啡碱、茶素(caffeine、theine、guaranine)，最初从咖啡豆中提取得到，其后在茶叶、冬青茶中也有发现。咖啡因具有刺激心脏、兴奋大脑神经和利尿等作用，因此可用作中枢神经兴奋药。它也是复方阿司匹林(APC)等药物的组分之一。

咖啡因的结构

咖啡因为嘌呤的衍生物，化学名称是 1,3,7-三甲基-2,6-二氧嘌呤，其结构式与茶碱、可可碱类似。

咖啡因易溶于氯仿(12.5%)、水(2%)及乙醇(2%)等。含结晶水的咖啡因为无色针状晶体，在100℃时即失去结晶水，并开始升华，在120℃升华显著，178℃升华很快。

茶叶中含有咖啡因，占1%~5%，另外还含有11%~12%的单宁酸(鞣酸)、0.6%的色素、纤维素、蛋白质等。为了提取茶叶中的咖啡因，可用适当的溶剂(如乙醇等)在索氏提取器中连续萃取，然后蒸去溶剂，即得粗咖啡因。粗咖啡因中还含有其他一些生物碱和杂质(如单宁酸)等，可利用升华法进一步提纯。

三、物理常数

表 4-1　各化合物的物理常数

名称	相对分子质量	性状	相对密度	熔点/℃	沸点/℃
咖啡因	194.19	白色固体	1.2	237	178（升华）
乙醇	46.07	无色液体	0.78	−114.5	78.4

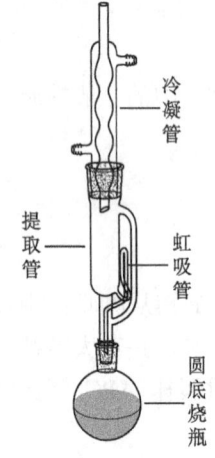

图 4-1　索氏提取装置图

四、仪器和试剂

仪器：索氏提取器，蒸馏弯头，直形冷凝管，接收管，布氏漏斗，抽滤瓶，烧杯，锥形瓶。

试剂：茶叶，乙醇，氧化钙。

实验装置见图 4-1。

五、实验内容

1. 咖啡因的提取

称取 5g 干茶叶，装入滤纸筒内，轻轻压实，滤纸筒上口塞一团脱脂棉，置于抽提筒中，圆底烧瓶内加入 60~80mL 95%乙醇，加热乙醇至沸，连续抽提 1h，待冷凝液刚刚虹吸下去时，立即停止加热。

将仪器改装成蒸馏装置，加热回收大部分乙醇。然后将残留液（10~15mL）倾入蒸发皿中，烧瓶用少量乙醇洗涤，洗涤液也倒入蒸发皿中，蒸发至近干。加入 4g 生石灰粉，搅拌均匀，用电热套加热（100~120V），蒸发至干，除去全部水分。冷却后，擦去沾在边上的粉末，以免升华时污染产物。

将一张刺有许多小孔的圆形滤纸盖在蒸发皿上，取一只大小合适的玻璃漏斗罩于其上，漏斗颈部疏松地塞一团棉花。

用电热套小心加热蒸发皿，慢慢升高温度，使咖啡因升华。咖啡因通过滤纸孔遇到漏斗内壁凝为固体，附着于漏斗内壁和滤纸上。当纸上出现白色针状晶体时，暂停加热，冷至 100℃左右，揭开漏斗和滤纸，仔细用小刀把附着于滤纸及漏斗壁上的咖啡因刮入表面皿中。将蒸发皿内的残渣加以搅拌，重新放好滤纸和漏斗，用较高的温度再加热升华一次。此时，温度也不宜太高，否则蒸发皿内大量冒烟，产品既受污染又遭损失。合并两次升华所收集的咖啡因，测定熔点。

2. 咖啡因的鉴定

（1）与生物碱试剂：取咖啡因结晶的一半于小试管中，加 40mL 水，微热，使固体溶解。分装于 2 支试管中，一支加入 1~2 滴 5%鞣酸溶液，记录现象。另一支加 1~2 滴 10%盐酸(或 10%硫酸)，再加入 1~2 滴碘-碘化钾试剂，记录现象。

(2) 氧化：在表面皿剩余的咖啡因中，加入 8~10 滴 30% H_2O_2，置于水浴上蒸干，记录残渣颜色。再加一滴浓氨水于残渣上，观察并记录颜色有何变化。

六、实验注意事项

(1) 茶叶一定要用滤纸包好，以防固体漏出堵塞虹吸管。
(2) 滤纸筒不宜包得太紧，以防萃取不完全，以既能紧贴器壁，又能方便取放为宜。内装物高度不能超过虹吸管顶部，滤纸筒上部不能留有空隙。
(3) 萃取物颜色开始较深，最后变浅。
(4) 注意不断调节温度，防止温度过高使溶质在瓶壁结垢或炭化。
(5) 浓缩时注意防止暴沸。

七、思考题

(1) 索氏提取器的工作原理是什么？
(2) 索氏提取器的优点是什么？
(3) 对于索氏提取器滤纸筒的基本要求是什么？
(4) 为什么要将固体物质(茶叶)研细成粉末？
(5) 为什么要放置一团脱脂棉？
(6) 生石灰的作用是什么？
(7) 为什么必须除净水分？
(8) 升华装置中，为什么要在蒸发皿上覆盖刺有小孔的滤纸？漏斗颈为什么塞棉花？

实验三十四　从槐米中提取芦丁

一、实验目的

(1) 通过从槐米中提取芦丁的实验，掌握黄酮类化合物的提取分离原理和操作。
(2) 熟悉重结晶的操作。
(3) 了解和掌握黄酮类化合物的一些主要性质和鉴定方法。

二、实验原理

槐花米又名槐米，是槐花的花蕾。性凉、味苦，功能为凉血、止血，主治肠风、痔血、便血等症。槐米的主要活性成分是芦丁。芦丁具有维生素 P 的作用，有助于保持及恢复毛细血管的正常弹性，主要用作防治高血压病的辅助治疗剂。

芦丁又名芸香苷，不仅存在于槐米中(含量达 10%～20%)，在荞麦叶等中也有存在。结构式如下：

从结构式中不难看出，芦丁实际上是由黄酮与糖(葡萄糖和鼠李糖)形成的苷，由于含有黄酮结构而呈黄色。黄酮部分连有许多酚羟基，故易溶于碱液，酸化复析出，这是本实验采用酸碱调节法提取芦丁的依据。

利用芦丁在冷水中不溶(1∶10000)、在热水中微溶(1∶200)的溶解度差精制，可获得纯度高的微细针状结晶，最后予以鉴定。纯芦丁为淡黄色针状结晶，不溶于乙醇、氯仿等有机溶剂，熔点为 188℃(理论值)，带三个结晶水的熔点为 174～178℃。

三、物理常数

表 4-2　各化合物的物理常数

名称	相对分子质量	性状	相对密度	熔点/℃	沸点/℃
芦丁	610.51	黄色固体	1.82	177	214～215(分解)
乙醇	46.07	无色液体	0.78	−114	78
三氯化铁	162.20	黑色固体	2.90	306	315

四、仪器和试剂

仪器：烧杯，漏斗，抽滤装置，紫外灯，层析缸，硅胶板，毛细管，滤纸，pH 试纸，酒精灯，铁架台，石棉网，量筒，天平。

试剂：槐米，硼砂，石灰乳，盐酸，乙醇，三氯化铁，浓盐酸，镁粉，乙酸铅。

五、实验内容

(1) 称取 15g 槐花米，用粉碎机研成粉状。置于 250mL 烧杯中，加入 150mL 饱和石灰水，再加入 0.6g 硼砂，于石棉网上加热至沸，并不断搅拌，煮沸 15min

后抽滤。滤渣再用 100mL 饱和石灰水煮沸 10min，抽滤。

合并两次滤液，保持在 60~70℃，用 5%盐酸调节至 pH 为 4。放置 1~2h，使沉淀完全，抽滤，并用水洗涤两三次，即得芦丁粗品，烘干，称量。

(2) 将粗品置于 250mL 烧杯中，加水 150mL，在石棉网上加热至沸，不断搅拌，并慢慢加入约 50mL 饱和石灰水，调节溶液 pH 为 8~9，待沉淀溶解后，趁热过滤。滤液置于 250mL 烧杯中，用 5%盐酸调节至 pH 为 4~5，静置 30min。芦丁即以浅黄色结晶析出，抽滤，并用水洗涤一两次，测熔点。

(3) 精制：取粗品转入烧杯中，按体积比为 1∶200 的比例加蒸馏水，加热至沸 10min，使之刚好完全溶解(若没有完全溶解继续添加适量蒸馏水)，趁热过滤，静置过夜(或用玻璃棒摩擦烧杯壁)，使结晶析出。抽滤，用少量冷水洗两次，在 70~80℃干燥结晶，即得纯品，称量，计算收率。

六、实验注意事项

(1) 提取中加入硼砂的目的是保护芦丁分子中邻二酚羟基结构不被氧化破坏，并使邻二酚羟基不与石灰乳中的钙离子配合(钙盐配合物不溶于水)，使芦丁不受损失。同时还可调节碱性水溶液的 pH。

(2) 加入石灰乳既可达到碱溶解提取芦丁的目的，又能使槐花中的大量黏液质、果胶生成钙盐沉淀除去。实验中应严格控制碱提取和酸沉淀时的 pH。碱水提取时控制 pH 为 8~9，不得超过 10。若 pH 过高，在加热提取过程中可使芦丁结构被破坏，造成产率明显下降。酸沉时加浓盐酸调 pH 为 2~3，此时 pH 不宜过低，以免芦丁生成盐溶于水而降低收率。

七、思考题

(1) 在一开始用酸调节 pH 时，若不小心加入了过量的稀盐酸，pH 小于 3~4，对实验会产生什么后果？为什么？

(2) 根据这个实验，总结用酸碱调节法提取中药活性成分的适用条件及一般原理。

实验三十五　从黄连中提取黄连素

一、实验目的

(1) 学习并掌握从中草药提取生物碱的原理和方法。

(2) 学习并掌握减压蒸馏的操作技术。

(3) 进一步掌握索氏提取器的使用方法，巩固减压过滤操作。

二、实验原理

黄连素(也称小檗碱)属于生物碱,是中草药黄连的主要有效成分,其中含量可达 4%～10%。除黄连中含有黄连素外,黄柏、白屈菜、伏牛花、三颗针等中草药中也含有黄连素,其中以黄连和黄柏中含量最高。

黄连素有抗菌、消炎、止泻的功效。对急性菌痢、急性肠炎、百日咳、猩红热等各种急性化脓性感染和各种急性外眼炎症都有效。

黄连素是黄色针状体,微溶于水和乙醇,较易溶于热水和热乙醇中,几乎不溶于乙醚。黄连素的盐酸盐、氢碘酸盐、硫酸盐、硝酸盐均难溶于冷水,易溶于热水,故可用水对其进行重结晶,从而达到纯化目的。

黄连素在自然界多以季铵碱的形式存在,结构如下:

从黄连中提取黄连素,往往采用适当的溶剂(如乙醇、水、硫酸等)。在索氏提取器中连续抽提,然后浓缩,再加以酸进行酸化,得到相应的盐。粗产品可以采取重结晶等方法进一步提纯。

黄连素被硝酸等氧化剂氧化,转变为樱红色的氧化黄连素。

黄连素在强碱中部分转化为醛式黄连素,在此条件下,再加几滴丙酮即可发生缩合反应,生成丙酮与醛式黄连素缩合产物的黄色沉淀。

三、物理常数

表 4-3　各化合物的物理常数

名称	相对分子质量	性状	相对密度	熔点/℃	沸点/℃
黄连素	235.32	黄色固体	1.17	85	
乙醇	46.07	无色液体	0.78	−114.5	78.4
乙酸	60.0	无色液体	1.1	17	118

四、仪器和试剂

仪器:索氏提取器,圆底烧瓶,克氏蒸馏头,冷凝管,接引管,锥形瓶,烧杯,抽滤装置。

试剂：黄连，乙醇，乙酸，浓盐酸，蒸馏水。

五、实验内容

(1) 称取 10g 中草药黄连，研碎磨烂，装入索氏提取器的滤纸套筒内，烧瓶内加入 100mL 95%乙醇，加热萃取 2～3h，至回流液体颜色很淡为止。

(2) 进行减压蒸馏，回收大部分乙醇，至瓶内残留液体呈棕红色糖浆状，停止蒸馏。

(3) 浓缩液里加入 1%的乙酸 30mL，加热溶解后趁热抽滤除掉固体杂质，在滤液中滴加浓盐酸，至溶液浑浊为止(约需 10mL)。

(4) 用冰水冷却上述溶液，降至室温下以后即有黄色针状的黄连素盐酸盐析出，抽滤，所得结晶用冰水洗涤两次，可得黄连素盐酸盐的粗产品。

(5) 精制：将粗产品(未干燥)放入 100mL 烧杯中，加入 30mL 水，加热至沸，搅拌沸腾 3～5min，趁热抽滤，滤液用盐酸调节 pH 为 2～3，室温下放置几小时，有较多橙黄色结晶析出后抽滤，滤渣用少量冷水洗涤两次，烘干即得成品。

(6) 产品检测。

方法一：取盐酸黄连素少许，加浓硫酸 2mL，溶解后加几滴浓硝酸，即呈樱红色溶液。

方法二：取盐酸黄连素约 50mg，加蒸馏水 5mL，缓缓加热，溶解后加 20%氢氧化钠溶液 2 滴，显橙色，冷却后过滤，滤液加丙酮 4 滴，即发生浑浊。放置后生成黄色的丙酮黄连素沉淀。

六、实验注意事项

(1) 得到纯净的黄连素晶体比较困难。将黄连素盐酸盐加热水至刚好溶解煮沸，用石灰乳调节 pH 为 8.5～9.8，冷却后滤去杂质，滤液继续冷却至室温以下，即有针状体的黄连素析出，抽滤，将结晶在 50～60℃下干燥，熔点为 145℃。

(2) 采用索氏提取器，也可利用简单回流装置进行两三次加热回流，每次约半小时，回流液体合并使用即可。

七、思考题

(1) 黄连素为何种生物碱类的化合物？
(2) 为何要用石灰乳调节 pH？用强碱氢氧化钾(钠)可以吗？为什么？

实验三十六　柑橘皮中提取果胶和橙皮苷

一、实验目的

(1) 通过对柑橘皮中果胶和橙皮苷的分步提取，学习并掌握天然产物的提取方法和技术。

(2) 了解果胶的主要性质。

二、实验原理

柑橘皮含有丰富的糖类，如橙皮苷、果胶及色素等。果胶为淡黄色粉状物，在柑橘皮中的含量为15%左右，无异味，能溶于20倍水中呈稠状液体，不溶于乙醇及有机溶剂，如以乙醇、甘油或糖浆等浸润则极易溶于水中，在酸性条件下稳定，在强碱性条件下分解。果胶主要用于食品中作增稠剂或胶凝剂，在医药工业中作肠机能调节剂、止血剂、抗毒剂。橙皮苷为灰白色粉末状物质，在柑橘皮中的含量约10%，无臭无味，不溶于水，微溶于乙醇，具有较高的药用价值，具有维持血管的正常渗透压、降低血管脆性、缩短出血时间等作用。

三、物理常数

表 4-4　各化合物的物理常数

名称	相对分子质量	性状	相对密度	熔点/℃	沸点/℃
橙皮苷	610.56	黄色固体	1.65	253	930.1
乙醇	46.07	无色液体	0.78	−114.5	78.4
氢氧化钠	40.0	白色固体	2.1	318	1390

四、仪器和试剂

仪器：烧杯，玻璃棒，过滤布，蒸馏装置，减压装置，真空干燥箱，pH 试纸，表面皿。

试剂：干柑橘皮，盐酸，助滤剂硅藻土，乙醇，氯化钙，生石灰，氢氧化钠。

五、实验内容

1. 果胶的提取

称取 100g 粉碎好的干柑橘皮，用 300mL 60～70℃的水浸泡 2h，捞起挤干，再加入 95℃的热水 500mL，保持 pH 为 2～3，不断搅拌并通蒸汽加热，保持温度在 80～90℃ 2.5h，水解完成。用过滤布离心过滤，滤液浑浊，再加入 10g 助滤剂硅藻土，用滤纸减压过滤，得到基本透明的浅黄色滤液约 450mL。改用蒸馏装置，减压浓缩出约 400mL 水时，瓶内为浅黄色黏稠液体。冷却后加入 50mL 95%乙醇，析出浅黄色的果胶沉淀物，减压过滤，固体物在真空干燥器 70～80℃下干燥，得淡黄色果胶。

2. 橙皮苷的提取

称取提取过果胶后的干柑橘皮渣 50g，加入约 500mL 水，浸泡 1h 后，加入 10%的氯化钙溶液 20mL，再加入饱和石灰水 600mL、偏重亚硫酸钠 0.68g、10%的氢氧化钠溶液 25mL，控制温度为 40～50℃，持续搅拌 2h，过滤，滤液用稀盐酸调节 pH 为 6～7，在≤5℃下冷却 10h，则析出灰白色沉淀物。过滤收集产物，并用热水反复洗涤至滤液无色为止。干燥，得橙皮苷。如需进一步纯化，可用乙醇重结晶。

六、思考题

(1) 为什么要用清水处理柑橘皮？
(2) 说明提取收率较低的原因。

实验三十七　黑胡椒中提取胡椒碱

一、实验目的

(1) 学习黑胡椒中提取胡椒碱的原理及方法。
(2) 进一步熟悉并掌握索氏提取器的实验操作。

二、实验原理

黑胡椒中含有大约 10%的胡椒碱和少量胡椒碱的几何异构体佳味碱，其他成分为淀粉(20%～40%)、挥发油(1%～3%)、水(8%～12%)。

三、物理常数

表 4-5　各化合物的物理常数

名称	相对分子质量	性状	相对密度	熔点/℃	沸点/℃
胡椒碱	285.4	黄色液体	1.25	133	499
乙醇	46.1	无色液体	0.78	−115	78.4
丙酮	58.1	无色液体	0.78	−95	56
氢氧化钾	56.1	白色固体	1.45	361	1320

四、仪器和试剂

仪器：索氏提取器，蒸馏弯头，直形冷凝管，接收管，布氏漏斗，抽滤瓶，烧杯，锥形瓶。

试剂：黑胡椒(市售)，乙醇，丙酮，氢氧化钾。

五、实验内容

1. 提取

称取黑胡椒 10g，磨碎，用滤纸包好，将其放入提取器的提取筒中，烧瓶内加入95%乙醇 70～80mL 和沸石，加热回流，液体在提取筒中蓄积，使固体浸入液体中。当液面超过虹吸管顶部时，蓄积的液体回到烧瓶中。重复以上操作 3 次。

2. 提纯

稍冷后，将提取液转移至圆底烧瓶中，加入沸石，蒸馏回收乙醇，至残留物剩余 10～15mL，停止蒸馏。趁热向残留物中加入 10mL 2mol·L^{-1} 的 KOH-乙醇溶液，充分搅拌，过滤除去不溶物质。将滤液转移至锥形瓶，置于热水浴中，慢慢加水至溶液出现浑浊，冷却后晶体析出。抽滤、干燥后得黄色粗产品。粗产品用丙酮重结晶，干燥、称量、回收。

3. 表征

用显微熔点测定仪测定样品的熔点，与文献值比较。

胡椒碱为浅黄色针状晶体，熔点为 120～131℃。

六、实验注意事项

(1) 黑胡椒一定要用滤纸包好，以防固体漏出，堵塞虹吸管。

(2) 滤纸筒包得不宜太紧，以防萃取不完全，以既能紧贴器壁，又能方便取放为宜。注意：滤纸筒高度不能超过提取器虹吸管顶部，滤纸筒上部不能留有空隙。

(3) 萃取液颜色开始较深，为棕黄色，最后变为浅黄色。

(4) 溶剂进入提取器内，烧瓶内溶剂量会逐渐减少，当从固体物质中提取出来的溶质较多时，加热温度过高会使溶质在瓶壁结垢或炭化，因此一定要注意不断调节温度。

(5) 浓缩时，注意防止暴沸。

(6) 在乙醇的粗萃取液中，除含有胡椒碱和佳味碱外，还有酸性树脂类物质。

为了防止这些杂质与胡椒碱一起析出,把稀的 KOH-乙醇溶液加至浓缩的提取液中,使酸性物质成为钾盐而留在溶液中,以避免胡椒碱与酸性物质一起析出,从而达到提纯胡椒碱的目的。加入 KOH-乙醇溶液后,若无沉淀,过滤可省去。

(7) 分离提纯滤液时,滴加水的量不能太多,以防其他物质析出。

(8) 用冰水浴冷却,有利于促进产品结晶析出。

七、思考题

(1) 试述索氏提取器的原理,它有哪些优点?

(2) 加入 KOH-乙醇溶液的目的是什么?

第5章 综合性实验

实验三十八 乙酰苯胺的制备

一、实验目的

(1) 了解酰化反应的原理和酰化剂的使用。
(2) 掌握易氧化基团的保护方法。

二、实验原理

胺的酰化在有机合成中有着重要的作用。作为一种保护措施，一级和二级芳胺在合成中通常被转化为它们的乙酰基衍生物以降低胺对氧化降解的敏感性，使其不被反应试剂破坏；同时氨基酰化后降低了氨基在亲电取代反应(特别是卤化)中的活化能力，使其由很强的第Ⅰ类定位基变为中等强度的第Ⅰ类定位基，使反应由多元取代变为有用的一元取代，由于乙酰基的空间位阻，往往选择性地生成对位取代物。

本实验以冰醋酸为酰化剂制备乙酰苯胺。

$$C_6H_5NH_2 + H_3C-COOH \xrightleftharpoons{加热} C_6H_5NH-COCH_3 + H_2O$$

芳胺可用酰氯、酸酐或与冰醋酸加热来进行酰化，使用冰醋酸试剂易得、价格便宜，但需要较长的反应时间，适合于规模较大的制备。酸酐一般来说是比酰氯更好的酰化试剂。用游离胺与纯乙酸酐进行酰化时，常伴有二乙酰胺[ArN(COCH$_3$)$_2$]副产物的生成。但如果在乙酸-乙酸钠的缓冲溶液中进行酰化，由于酸酐的水解速率比酰化速率慢得多，可以得到高纯度的产物。但这一方法不适合于硝基苯和其他碱性很弱的芳胺的酰化。

三、物理常数

表 5-1 各化合物的物理常数

名称	相对分子质量	性状	相对密度	熔点/℃	沸点/℃
苯胺	93.13	无色液体	1.02	−6.2	184
乙酰苯胺	135.17	无色固体	1.12	114	304
冰醋酸	60.0	无色液体	1.1	17	118

四、仪器和试剂

仪器：圆底烧瓶，刺形分馏柱，温度计，烧杯等。

试剂：苯胺，冰醋酸，锌粉等。

五、实验内容

1. 实验步骤

按要求搭建装置（图 5-1）。在 100mL 圆底烧瓶中装入 2.0mL 苯胺、3.0mL 冰醋酸以及少许锌粉（约 0.02g），加热使反应物微沸 15min。然后逐渐缓慢升温，并将温度维持在 100～110℃约 1h。当温度计读数下降，表示反应已经完成。趁热将反应物倒入 20mL 冷水中，冷却析出固体。将固体过滤，然后重新用热水溶解进行重结晶，即得乙酰苯胺。

图 5-1 乙酰苯胺制备实验装置图

2. 实验流程

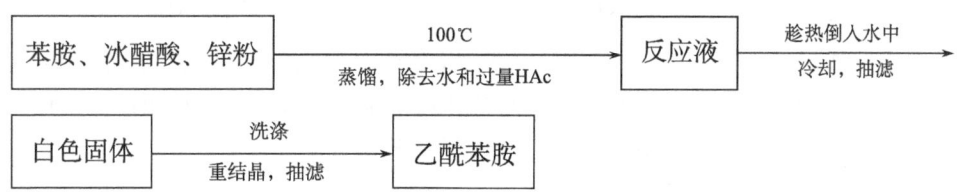

六、实验注意事项

(1) 圆底烧瓶上加装短的刺形分馏柱，实验效果好。

(2) 反应过程中，温度的控制利于反应进行。

(3) 重结晶基本操作的熟悉及练习。

七、思考题

(1) 实验中，反应时为什么要控制分馏柱上端的温度为 100～110℃？

(2) 实验中，根据理论计算，反应完成时应产生几毫升水？为什么实际收集的液体远多于理论量？

(3) 用乙酸直接酰化和用乙酸酐进行酰化各有什么优缺点？除此之外，还有哪些乙酰化剂？

实验三十九　阿司匹林的制备

一、实验目的

(1) 学习用乙酸酐作酰基化试剂酰化水杨酸制乙酰水杨酸的酯化方法。
(2) 巩固重结晶、熔点测定、抽滤等基本操作。
(3) 了解乙酰水杨酸的应用价值。

二、实验原理

乙酰水杨酸即阿司匹林(aspirin)，是 19 世纪末合成成功的，作为一种有效的解热止痛、治疗感冒的药物，至今仍广泛使用。有关报道表明，人们正在发现它的某些新功能。阿司匹林是由水杨酸(邻羟基苯甲酸)与乙酸酐进行酯化反应而得的。水杨酸可由水杨酸甲酯，即冬青油(由冬青树提取而得)水解制得。

$$\text{水杨酸} + (CH_3CO)_2O \xrightarrow{H^+} \text{乙酰水杨酸} + CH_3COOH$$

水杨酸可以止痛，常用于治疗风湿病和关节炎。它是一种具有双官能团的化合物，一个是酚羟基，一个是羧基，羧基和羟基都可以发生酯化反应，而且还可以形成分子内氢键，阻碍酰化和酯化反应的发生。

三、物理常数

表 5-2　各化合物的物理常数

名称	相对分子质量	性状	相对密度	熔点/℃	沸点/℃
水杨酸	138.03	白色固体	1.44	159	211
乙酸酐	102.09	无色液体	1.09	−73.1	140
乙酰水杨酸	180.17	白色固体	1.35	138	321

四、仪器和试剂

仪器：圆底烧瓶，分馏柱，锥形瓶，布氏漏斗等。
试剂：水杨酸，乙酸酐，碳酸氢钠，三氯化铁，浓盐酸，浓硫酸等。

五、实验内容

在 50mL 锥形瓶中依次加入 1.0g 水杨酸、2.5 mL 乙酸酐和 2 滴浓硫酸摇匀，使水杨酸溶解。将锥形瓶置于90℃的热水浴中，加热10min，并不时地振摇。然后停止加热，待反应混合物冷却至室温后，缓缓加入15mL水，边加水边振摇（注意反应放热，操作应小心）。将锥形瓶放在冷水浴中冷却，使晶体完全析出，抽滤，并用少量冷水洗涤，抽干，得乙酰水杨酸粗产品（用1%三氯化铁溶液检验酚羟基是否存在）。实验装置见图5-2。

将粗产品转入100mL烧杯中，加入饱和碳酸氢钠水溶液，边加边搅拌，直到不再有二氧化碳产生为止。抽滤，除去不溶性聚合物（水杨酸自身聚合）。再将滤液倒入100mL烧杯中，缓缓加入10mL 20%盐酸，边加边搅拌，这时会有晶体逐渐析出。将此反应混合物置于冰水浴中，使晶体尽量析出。抽滤，用少量冷水洗涤两三次，然后抽干，取少量乙酰水杨酸，溶入几滴乙醇中，并滴加1~2滴1%三氯化铁溶液，如果发生显色反应，说明仍有水杨酸存在。产物可用乙醇-水混合溶剂重结晶：即先将粗产品溶于少量沸乙醇中，再向乙醇溶液中添加热水直至溶液中出现浑浊，再加热至溶液澄清透明（注意：加热不能太久，以防乙酰水杨酸分解），静置，慢慢冷却，过滤，干燥，称量，测定熔点并计算产率。

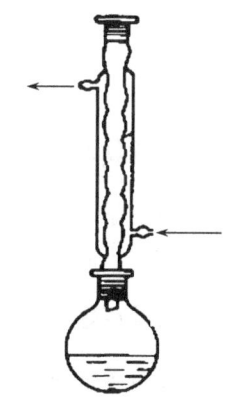

图 5-2 简单回流装置

乙酰水杨酸为白色针状晶体，熔点为132~135℃。

六、实验注意事项

（1）仪器要全部干燥，药品也要经干燥处理，乙酸酐要使用新蒸馏的，收集139~140℃的馏分。

（2）乙酰水杨酸受热后易发生分解，分解温度为126~135℃，因此重结晶时不宜长时间加热，需控制水温，产品采取自然晾干。

（3）为了检验产品中是否还有水杨酸，利用水杨酸属酚类物质可与三氯化铁发生颜色反应的特点，将几粒结晶加入盛有3mL水的试管中，加入1~2滴1% $FeCl_3$ 溶液，观察有无颜色反应（紫色）。

（4）本实验中要注意控制温度（水温90℃）。

七、思考题

（1）水杨酸与乙酸酐的反应过程中，浓硫酸的作用是什么？
（2）若在硫酸存在下，水杨酸与乙醇作用将得到什么产物？写出反应方程式。
（3）本实验中可产生什么副产物？加水的目的是什么？
（4）通过哪些简便方法可以鉴定阿司匹林是否变质？
（5）混合溶剂重结晶的方法是什么？

实验四十 安息香的合成

一、实验目的

(1) 学习安息香辅酶合成的制备原理和方法。
(2) 巩固回流、冷却、抽滤等基本操作。

二、实验原理

安息香的合成一直使用的催化剂是剧毒的氰化物,极为不便。近年来改用维生素 B_1 作催化剂,价廉易得、操作安全、效果良好。

本实验采用有生物活性的辅酶维生素 B_1(thiamine)代替剧毒的氰化物完成安息香缩合反应。反应时,维生素 B_1 分子中噻唑环上的氮原子和硫原子邻位的氢在碱的作用下可生成负碳离子(Ⅳ)。

(Ⅰ)维生素B_1

(Ⅲ)   (Ⅳ)

然后(Ⅳ)与苯甲醛作用生成中间体(Ⅴ),(Ⅴ)可以被分离得到。

(Ⅱ)   (Ⅴ)

(Ⅴ)经异构化脱去质子得到中间体烯胺(Ⅵ),(Ⅵ)与另一分子苯甲醛作用时得到缩合中间物(Ⅶ),再进一步得到产物(Ⅷ)。

三、物理常数

表 5-3　各化合物的物理常数

名称	相对分子质量	性状	相对密度	熔点/℃	沸点/℃
苯甲醛	106	无色液体	1.04	−26	178
维生素 B_1	301	白色固体		248（分解）	
氢氧化钠	40	白色固体	2.13	318	1390
乙醇	46	无色液体	0.78	−115	78.4

四、仪器和试剂

仪器：锥形瓶，空气冷凝管，抽滤瓶，布氏漏斗，水浴锅，烧杯，滤纸，表面皿，刮刀，试管，锥形瓶，量筒，玻璃棒，红外灯。

试剂：苯甲醛，维生素 B_1，氢氧化钠，乙醇，活性炭。

五、实验内容

1. 减压蒸馏苯甲醛

250mL 单口烧瓶中加入 1/3～2/3 的苯甲醛，连接简易减压蒸馏装置，温度稳定之前为前馏分；待温度稳定后，开始收集馏分，即为苯甲醛。

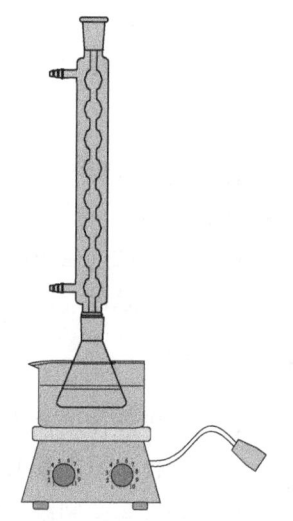

图 5-3　安息香合成实验装置图

2. 安息香的合成

在 250mL 三颈烧瓶中放入 1.7g(5mmol)维生素 B_1 和 4mL 水。溶解后加入 15mL 95%乙醇。在搅拌下滴加 3.5mL 3mol·L^{-1} 的 NaOH 溶液(约需要 5min，此时的 pH=8)，当碱液加入一半时溶液由无色变为浅黄色，且随着碱液的加入而加深。

将 10mL(10.4g，0.098mol)新蒸馏的苯甲醛倒入上述溶液中，混合均匀，用 3mol·L^{-1} 的 NaOH 溶液滴加调节 pH，使 pH=8～9(注意不要过量)。装上回流冷凝管，在(65±2)℃水浴中加热 1.5h(或用塞子把瓶口塞紧于室温放置 24h)。反应完成后，把溶液转至 50mL 烧杯中，经冰水冷却后即有结晶析出。抽滤，用 15mL×2 冰水洗涤，在 20～30mL 95%乙醇中重结晶，所得白色晶体经抽滤、干燥即得产品。称量，测熔点为 132～134℃。测定其红外光谱并与已知的红外谱图比较，指出主要吸收带的归属。本实验需 4～6h。

六、实验注意事项

(1) 维生素 B_1 在酸性条件下稳定，但易吸水，在水溶液中易被空气氧化失效。遇光和 Fe、Cu、Mn 等金属离子可加速氧化。在 NaOH 溶液中噻唑环易开环失效，因此 NaOH 溶液在反应前必须用冰水充分冷却，否则，维生素 B_1 在碱性条件下会分解，这是本实验成败的关键。

(2) 反应过程中，溶液在开始时不必沸腾，反应后期可适当升高温度至缓慢沸腾(80～90℃)。

(3) 加入试剂量应准确。

(4) 若需脱色，加入 0.15g 左右活性炭。

七、思考题

(1) 苯甲醛使用前为什么要蒸馏?

(2) 为什么维生素 B_1 可以替代 KCN?

(3) 为什么要向维生素 B_1 溶液中加入氢氧化钠?

(4) 为什么控制 pH 在 8～9?

实验四十一　对氨基苯磺酰胺的制备

一、实验目的

(1) 通过对氨基苯磺酰胺的制备,掌握酰氯的氨解和乙酰氨基衍生物的水解。
(2) 巩固回流、脱色、重结晶等基本操作。

二、实验原理

本实验从对乙酰氨基苯磺酰氯出发经下述三步反应合成对氨基苯磺酰胺(磺胺)。

$$2 \; \text{对氨基苯磺酰氯盐酸盐} + \text{Na}_2\text{CO}_3 \longrightarrow 2 \; \text{对氨基苯磺酰氯} + 2\text{NaCl}$$

$$\text{对乙酰氨基苯磺酰氯} \xrightarrow[\text{H}_2\text{O}]{\text{NH}_3} \text{对乙酰氨基苯磺酰胺} \xrightarrow[\text{H}_2\text{O}]{\text{HCl}} \text{对氨基苯磺酰氯盐酸盐}$$

三、物理常数

表 5-4　各化合物的物理常数

名称	相对分子质量	性状	相对密度	熔点/℃	沸点/℃
对氨基苯磺酰胺	172.22	白色固体	1.08	165	401
对乙酰氨基苯磺酰氯	232.99	灰色固体	1.47	143	426
碳酸钠	105.99	白色固体	2.53	851	1600

四、仪器和试剂

仪器:圆底烧瓶,球形冷凝管,烧杯等。
试剂:对乙酰氨基苯磺酰氯粗产品,氨水,盐酸,碳酸钠等。
实验装置见图 5-2。

五、实验内容

1. 对乙酰氨基苯磺酰胺的制备

(1) 将自制的对乙酰氨基苯磺酰氯粗品放入 50mL 的烧杯中。

(2) 在通风橱内，搅拌下慢慢加入 35mL 浓氨水(28%)，立即发生放热反应生成糊状物。

(3) 加完氨水后，在室温下继续搅拌 10min，使反应完全。

(4) 将烧杯置于热水浴中，于 70℃反应 10min，并不断搅拌，以除去多余的氨，然后将反应物冷至室温。

(5) 振荡下向反应混合液中加入 10%的盐酸，至反应液使石蕊试纸变红(或对刚果红试纸显酸性)。

(6) 用冰水浴冷却反应混合物至 10℃，抽滤，用冷水洗涤。得到的粗产物可直接用于下步合成。

2. 对氨基苯磺酰胺的制备

(1) 将对乙酰氨基苯磺酰胺的粗品放入 50mL 的圆底烧瓶中，加入 20mL 10%的盐酸和一粒沸石。

(2) 装上回流冷凝管，使混合物回流至固体全部溶解(约需 10min)，然后再回流 0.5h。

(3) 将反应液倒入一个大烧杯中，将其冷却至室温。

(4) 在搅拌下小心加入碳酸钠固体(约需 4g)，至反应液对石蕊试纸恰显碱性(pH=7～8)，在中和过程中，磺胺沉淀析出。

(5) 在冰水浴中将混合物充分冷却，抽滤，收集产品。

(6) 用热水重结晶产品并干燥。

(7) 称量，计算产率。

(8) 测定熔点。纯的对氨基苯磺酰胺(磺胺)为白色针状晶体，熔点为 165～166℃。

六、实验注意事项

(1) 本反应需使用过量的氨以中和反应生成的氯化氢，并使氨不被质子化。

(2) 此产物对于水解反应来说已足够纯，若需纯品，可用 95%的乙醇进行重结晶，纯品的熔点为 220℃。

(3) 若溶液呈现黄色，可加入少量活性炭，煮沸，抽滤。

(4) 应少量分次加入固体碳酸钠，因生成二氧化碳，每次加入后都会产生泡沫。

(5) 由于磺胺能溶于强酸和强碱中，故 pH 应控制在 7～8。

七、思考题

(1) 为什么苯胺要乙酰化后再氯磺化？直接氯磺化可否？
(2) 试比较苯磺酰氯与苯甲酰氯水解反应的难易。
(3) 为什么对氨基苯磺酰胺可溶于过量的碱液中？

实验四十二 二茂铁的合成

一、实验目的

(1) 学习合成金属有机化合物的基本原理和方法。
(2) 了解制备二茂铁的影响因素。
(3) 掌握在无氧条件下进行反应的方法和技巧。

二、实验原理

环戊二烯在溶剂二甲基亚砜(DMSO)中，在碱性的条件下与氯化亚铁反应生成夹心式结构的二茂铁。其反应式如下：

$$2 \text{ C}_5\text{H}_6 + \text{FeCl}_2 \cdot 4\text{H}_2\text{O} \xrightarrow[\text{DMSO}]{\text{OH}^-} \text{Fe}(\text{C}_5\text{H}_5)_2$$

三、物理常数

表 5-5 各化合物的物理常数

名称	相对分子质量	性状	相对密度	熔点/℃	沸点/℃
环戊二烯	66.1	无色液体	0.80	−85	43
二茂铁	186.0	橙色固体	2.69	173	249
氢氧化钾	56.1	白色固体	1.45	361	1320
氯化亚铁四水合物	198.8	绿色固体	1.93	670	1023
二甲基亚砜	78.1	无色液体	1.10	18.4	189

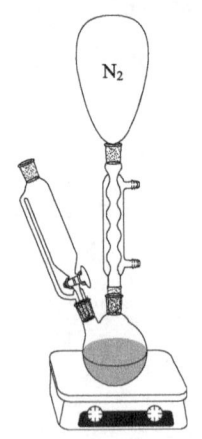

图 5-4 二茂铁合成装置图

四、仪器和试剂

仪器：双颈烧瓶，球形冷凝管，恒压滴液漏斗，布氏漏斗，抽滤瓶，烧杯，红外灯，表面皿，脱脂棉，电磁搅拌器等。

试剂：环戊二烯，氢氧化钾，氯化亚铁，二甲基亚砜，氮气，盐酸。

实验装置图见图 5-4。

五、实验内容

在 50mL 双颈烧瓶中加入 0.5g(约 9mmol)KOH、15mL DMSO 及 1.5mL(约 18mmol)环戊二烯，安装磁力搅拌器、恒压滴液漏斗和球形冷凝管，并在球形冷凝管上安装一个装有氮气的气球。开动搅拌器，打开通氮气的阀门，将氮气通入反应体系中，同时打开恒压滴液漏斗上的塞子放气，约 2min，停止放气。待形成环戊二烯钾黑色溶液后，滴加约 1.8g(约 9mmol)$FeCl_2·4H_2O$ 和 12.5mL DMSO 刚配置好的混合液，同时加强搅拌，在氮气保护下反应，滴加完毕后继续搅拌 20min。将反应物倾入 25g 冰和 25g 水的混合物中，搅拌均匀。用 $2mol·L^{-1}$ 盐酸调反应液 pH=3～5，待黄色固体完全析出后，抽滤，分四次各用 5mL 水洗滤饼，烘干，产率约 70%。

若需进一步纯化，可将粗产品干燥后，放入干燥的 200mL 烧杯中，盖上表面皿，用脱脂棉塞住烧杯嘴，缓缓加热烧杯，表面皿外用湿布冷却，常压 100℃升华可得黄色片状光亮的晶体。

六、实验注意事项

(1) 环戊二烯在常温下发生双烯合成反应，形成环戊二烯二聚体(又称联环戊二烯)。使用之前采用简单分馏方法，用电热套加热烧瓶，接收瓶应冷却，柱顶温度控制在 40～43℃，环戊二烯可平稳地被蒸出，应立即使用或暂时置于冰箱低温保存。

(2) 在空气中，二茂铁能被氧化成蓝色的正离子 $Fe^{3+}(C_5H_5)_2$，$FeCl_2·4H_2O$ 在 DMSO 中也会使 Fe^{2+} 变成 Fe^{3+}，因此要用氮气保护以隔绝空气。

(3) $FeCl_2·4H_2O$ 如果变成棕色可用乙醇或乙醚洗成淡绿色再用，用前应研细溶解。

(4) KOH 应研细加入，由于吸潮加入时动作要快。

七、思考题

(1) 二茂铁比苯更易发生亲电取代反应，但是混合酸($HNO_3+H_2SO_4$)使二茂铁发生硝化反应时，实验却是失败的。为什么？
(2) 盐酸加得不够或过量会有什么后果？
(3) KOH 可否用 NaOH 代替？碱过量又会有何影响？
(4) 还可用何物质代替 DMSO？它在本实验中的作用是什么？
(5) 二茂铁有何用途？二茂铁的合成曾起到什么历史作用？

实验四十三　聚苯乙烯的合成

一、实验目的

(1) 掌握合成聚苯乙烯的乳液聚合的实验原理与操作步骤。
(2) 了解聚合方法的配方及各组分的作用。
(3) 了解聚苯乙烯的发展历史与用途。

二、实验原理

苯乙烯于 1839 年由天然树脂香脂中的一种挥发性油制得。

苯乙烯极易在热作用下形成自由基，进行自由基聚合，或在自由基引发剂、离子型催化剂存在下聚合生成聚苯乙烯。工业上的主要生产方法有本体聚合、悬浮聚合和乳液聚合。

乳液聚合主要发生在胶束和乳胶粒内，乳胶粒通过胶束成核和均相成核两种方式生成。乳液聚合分为四个阶段。

1. 分散阶段

此阶段未加入引发剂。随单体的加入，在搅拌作用下，单体分散成珠滴。部分乳化剂分子被吸附在珠滴表面起稳定保护作用。由于胶束的增溶作用，部分水相中的单体被吸收形成增溶胶束。单体、乳化剂在水相、单体珠滴及胶束(增溶胶束)三者间达到动态平衡。

2. 乳胶粒生成阶段

当引发剂加入反应体系后，在适当的反应温度下引发剂分解形成自由基，扩散进入增溶胶束并在其中引发聚合生成乳胶粒。此阶段以胶束消失作为终点。

3. 乳胶粒长大阶段

此阶段引发剂继续在水相中分解出自由基，因为乳胶粒的数目要比单体珠滴的数目大得多，所以自由基主要向乳胶粒中扩散，在乳胶粒中引发聚合，使得乳胶粒不断长大。随反应的进行，乳胶粒中单体不断被消耗，单体的平衡不断沿单体珠滴→水相→乳胶粒方向移动，致使单体珠滴中的单体逐渐减少，直至单体珠滴消失。

4. 聚合完成阶段

此阶段不仅胶束消失了，而且单体珠滴也不见了。在乳胶粒中进行的聚合反应只能消耗自身储存的单体，而得不到补充。随反应进行，由于凝胶效应（Trommsdroff效应），反应速率常出现加速现象，直至单体消耗完。

三、物理常数

表 5-6　各化合物的物理常数

名称	相对分子质量	性状	相对密度	熔点/℃	沸点/℃
苯乙烯	104.15	无色液体	0.91	−31	146
过氧化苯甲酰	242.23	白色固体	1.33	104（分解）	

四、仪器和试剂

仪器：表面皿，吸管，移液管，水浴，布氏漏斗，搅拌器，四氟密封塞，温度计，温度计套管，冷凝管。

试剂：苯乙烯，聚乙烯醇（聚合度1750±50），过氧化苯甲酰，去离子水。

五、实验内容

称取 0.3 g 过氧化苯甲酰于 100mL 锥形瓶，量取 16mL 苯乙烯（＞99.5%）加入锥形瓶中振动，待过氧化苯甲酰完全溶解于苯乙烯后将溶液加入三颈烧瓶中，加入 20mL 1.5%的聚乙烯醇溶液，用 130mL 去离子水分别冲洗锥形瓶和量筒后加入三颈烧瓶，20～30min 内升温至 85～90℃，1.5～2h 后，吸取少量颗粒进行观察，如颗粒变硬发脆，可结束反应。产品用布氏漏斗滤干，并用热水洗数次，烘干（50℃）。

六、实验注意事项

（1）反应时搅拌要快且均匀，使单体能形成良好的珠状液滴。

（2）85～90℃保温阶段是实验成败的关键阶段，此时聚合热逐渐放出，油滴开始变黏易发生粘连，需密切注意温度和转速的变化。

（3）如果聚合过程中发生停电或聚合物粘在搅拌棒上等异常现象，应及时降温终止反应并倾出反应物，以免造成仪器损坏。

七、思考题

(1) 乳液聚合分为几个阶段？
(2) 乳液聚合的优点有哪些？

实验四十四　邻苯二甲酸二丁酯的制备

一、实验目的

(1) 了解邻苯二甲酸二丁酯的制备原理和方法。
(2) 训练减压蒸馏操作及分水装置的操作和应用。

二、实验原理

邻苯二甲酸二丁酯大量作为增塑剂使用，称为增塑剂 DBP，还可用作油漆、黏结剂、染料、印刷油墨、织物润滑剂的助剂。它是无色透明液体，具有芳香气味，不挥发，在水中的溶解度为 0.03%(25℃)，对多种树脂都具有很强的溶解能力。

$$\text{邻苯二甲酸酐} + n\text{-}C_4H_9OH \xrightarrow{H_2SO_4} \begin{matrix}COOC_4H_9\\COOH\end{matrix} \xrightarrow[n\text{-}C_4H_9OH]{H_2SO_4} \begin{matrix}COOC_4H_9\\COOC_4H_9\end{matrix}$$

三、物理常数

表 5-7　各化合物的物理常数

名称	相对分子质量	性状	相对密度	熔点/℃	沸点/℃
邻苯二甲酸酐	148.11	白色固体	1.53	131	284
正丁醇	74.12	无色液体	0.81	−89	117
浓硫酸	98.08	无色液体	1.84	10	338
碳酸钠	105.99	白色固体	2.53	851	1600
邻苯二甲酸二丁酯	278.34	无色液体	1.04	−35	340

四、仪器和试剂

仪器：三颈烧瓶，圆底烧瓶，温度计，分液漏斗，锥形瓶，球形冷凝管，直形冷凝管，分水器，接液管。

试剂：邻苯二甲酸酐，正丁醇，浓硫酸，碳酸钠，无水硫酸镁。

五、实验内容

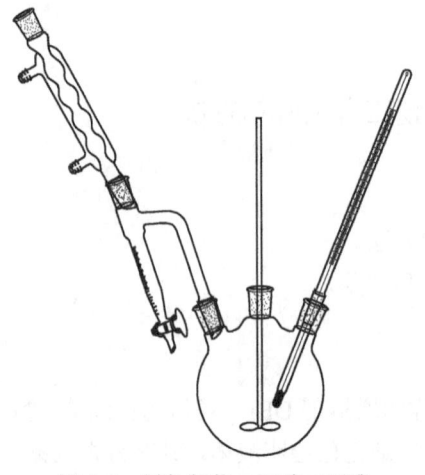

图 5-5 制备邻苯二甲酸二丁酯的反应装置图

安装带有分水器的回流装置、分液装置、减压蒸馏装置。反应装置如图 5-5 所示。

在一个干燥的 100mL 三颈烧瓶中加入 5.9g 邻苯二甲酸酐、12.5mL 正丁醇和几粒沸石，在振摇下缓慢滴加 0.2mL 浓硫酸。在分水器中加入正丁醇至与支管平齐。封闭加料口，另一口插入一支 200℃的温度计（水银球应位于离烧瓶底 0.5～0.8cm 处）。缓慢升温，使反应混合物微沸。约 15min 后，烧瓶内固体完全消失。继续升温至回流，此时逐渐有正丁醇和水的共沸物蒸出，经过冷凝，有小水珠逐渐流到分水器的底部，当反应温度升到 150℃时便可停止加热，记录分水器中水的体积（注意含有少量正丁醇）。记录反应的时间（一般为 1.5～2h）。

当反应液冷却到 70℃以下时，拆除装置。将反应混合液倒入分液漏斗，用 5%碳酸钠溶液中和后，有机层用 20mL 温热的饱和食盐水洗涤两三次，至有机层呈中性，分离出的油状物用无水硫酸镁干燥至澄清。用倾斜法除去干燥剂，有机层倒入 50mL 圆底烧瓶，先用水泵减压蒸去过量的正丁醇，最后在油泵的减压下蒸馏，收集 180～190℃/1.33kPa 的馏分。样品称量，计算产率。

测定产物的折光率。测定产物的红外光谱（图 5-6）。

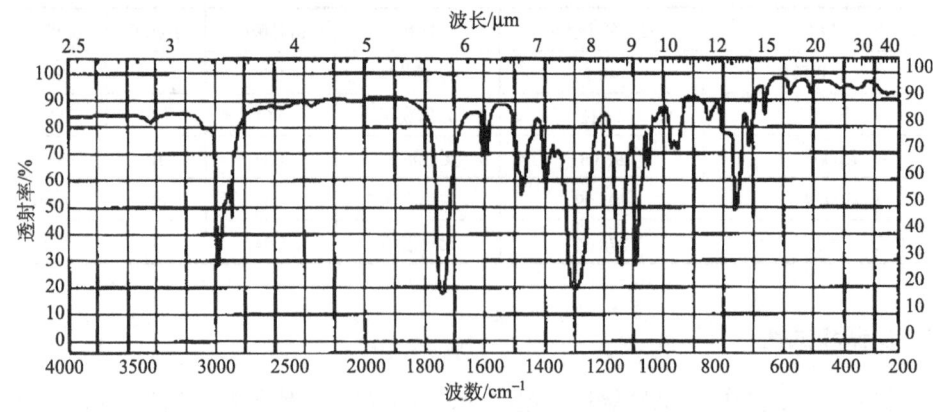

图 5-6 邻苯二甲酸二丁酯的红外光谱

六、实验注意事项

(1) 正丁醇-水的共沸点为93℃(含水44.5%),共沸物冷却后,在分水器中分层,上层主要是正丁醇(含水20.1%),继续回流到反应瓶中,下层为水(含正丁醇7.7%)。

(2) 反应温度过高(180℃),产物在酸性条件下会发生分解反应。

(3) 根据从分水器中分出的水量(注意其中含正丁醇7.7%)判断反应进行的程度。也可以用温度判断,随着反应的进行,体系中的水越来越少,温度逐渐上升。

(4) 中和温度(≤70℃)和碱的浓度不宜过高,否则酯易于发生水解(皂化)反应,同时也是为了防止在洗涤过程中发生乳化现象,而且这种处理后不必进行干燥即可进行下一步操作。

(5) 根据真空度的不同,也可能改为收集200~210℃/2.67kPa、175~180℃/0.67kPa以及165~170℃/0.27kPa的馏分。

七、思考题

(1) 从分水器中生成水的量可大致判断反应进行的程度,能否以此作为衡量反应进行程度的标准?

(2) 为什么要对粗产品进行中和,用饱和食盐水洗涤?

(3) 粗产品邻苯二甲酸二丁酯中可能含有哪些杂质?

(4) 为什么用饱和食盐水洗涤后,可以不必进行干燥,即可进行蒸去正丁醇的操作?

(5) 正丁醇在浓硫酸存在下加热到反应时的温度,可能有哪些副反应?硫酸过量过多有什么不良影响?

(6) 为什么要用过量的正丁醇与邻苯二甲酸酐反应?

实验四十五　十二烷基二甲基甜菜碱的合成

一、实验目的

(1) 掌握甜菜碱型两性离子表面活性剂的合成原理和合成方法。

(2) 了解甜菜碱型两性表面活性剂的性质和用途。

二、实验原理

两性离子表面活性剂是指同时携带正负两种离子的表面活性剂,它的表面活性剂离子的亲水基既具有阴离子部分又具有阳离子部分,是两者结合在一起的表面活性剂。

十二烷基二甲基甜菜碱又名 BS-12，为无色或淡黄色透明黏稠液体，有良好的去污、气泡渗透和抗静电性能，杀菌作用温和、刺激性小。在碱性、酸性和中性条件下均溶于水，即使在等电点也无沉淀，不溶于乙醇等极性溶剂，任何 pH 下均可使用，属两性离子表面活性剂。

十二烷基二甲基甜菜碱是用 N,N-二甲基十二烷胺和氯乙酸钠反应合成的，反应方程式为

$$C_{12}H_{25}-N(CH_3)_2 + ClH_2C-C(=O)-ONa \longrightarrow C_{12}H_{25}-N^+(CH_3)_2-CH_2COO^- + NaCl$$

十二烷基二甲基甜菜碱适用于制造无刺激的调理香波、纤维柔软剂、抗静电剂、匀染剂、防锈剂、金属表面加工助剂和杀菌剂。

三、物理常数

表 5-8　各化合物的物理常数

名称	相对分子质量	性状	相对密度	熔点/℃	沸点/℃
十二烷基二甲基甜菜碱		无色液体	1.03		
氯乙酸钠	116.48	白色固体		199	
乙醇	46	无色液体	0.78	−115	78.4
乙醚	74.1	无色液体	0.71	−116	35

四、仪器和试剂

仪器：电动搅拌器，电热套，三颈烧瓶，球形冷凝管，玻璃漏斗，温度计，界面张力仪，泡沫测定仪。

试剂：N,N-二甲基十二烷胺，氯乙酸钠，乙醇，盐酸，乙醚。

五、实验内容

将三颈烧瓶、温度计、电动搅拌器、球形冷凝管安装好，称取 10.7g N,N-二甲基十二烷胺，放入三颈烧瓶中。再称取 5.8g 氯乙酸钠和 30mL 50%的乙醇溶液，倒入三颈烧瓶中，在水浴中加热至 60～80℃，并在此温度下回流至反应液变成透明为止。

冷却反应液，在搅拌情况下滴加浓盐酸，直至出现乳状液不再消失为止，放置过夜。第二天，十二烷基二甲基甜菜碱盐酸盐结晶析出，过滤。每次用 10mL

乙醇和水(体积比1∶1)的混合溶液洗涤两次，然后干燥滤饼。粗产品用乙醚∶乙醇(体积比)=2∶1溶液重结晶，得精制的十二烷基二甲基甜菜碱。

测定其表面张力和泡沫性能。

六、实验注意事项

(1) 所用的玻璃仪器必须干燥。
(2) 滴加浓盐酸不要太多，至乳状液不再消失即可。
(3) 洗涤滤饼时，洗涤溶剂要用规定的浓度及剂量，不宜太多。

七、思考题

(1) 两性表面活性剂有哪几类？其在工业和日用化工方面有哪些用途？
(2) 甜菜碱型与氨基酸型两性表面活性剂相比，其性质的最大差别是什么？

第 6 章 创 新 实 验

学生在基本操作、基本有机合成和性质实验训练后,已具备有机化学实验的基本知识、技能及初步查阅文献资料和多步有机合成实验的能力。在此基础上,安排一定时间开展文献实验,进行较全面的综合训练,对提高学生独立从事有机化学实验和独立分析、解决问题的能力,对学习新方法、接触新领域、扩大知识面等都有重要意义。实验课指导教师在前五周进行布置,提出要求,针对一些发展前沿及密切联系生产实际和地方资源特色的内容,在一定范围内由学生自选题目,文献资料、合成路线、反应条件、操作方法、药品种类、用量、仪器规格等都由个人完成,在教师指导下进行。要求对所做产品使用各种方法、仪器进行分析鉴定,并进行数据处理和产量、产率计算,对实验过程中出现的现象和问题进行一定讨论。按文献实验要求写出文献实验报告,实验后写出小论文,在学生中进行交流和讨论,最后由教师和学生共同评出实验成绩。

部分文献设计题目:

(1) 表面活性剂的设计与合成。
(2) 植物生长调节剂的合成。
(3) 青蒿素的提取与分离。
(4) 天然抗氧化剂的研制。
(5) 天然产物有效成分的微型化提取分离。
(6) 咪唑类化合物的合成。
(7) 香草醛的合成。
(8) D-(−)-麻黄碱和 L-(+)-假麻黄碱的拆分。
(9) 非那西汀(phenacetin)的合成。

附　录

附录1　有机化学实验工具书、参考书及期刊[①]

1. 工具书(手册，辞典)

黄天宇. 1982. 化学化工药学大辞典. 台北：台湾大学图书公司.

王箴. 1993. 化工辞典. 3版. 北京：化学工业出版社.

Cadogan J I G, Ley S V. Pattenden G. 1996. Dictionary of Organic Compounds. 6th ed. London: Chapmann & Hall.

Budavari S. 1996. The Merck Index. 12th ed. Whitehouse Station: Merck & CoInc.

Lide D R. 1992~1993. CRC Handbook of Chemistry and Physics. 73rd ed. Boca Raton: CRC Press.

Vogel A I, Tatchell A R, Furnis B S, et al. 1989. Textbook of Practical Organic Chemistry. 5th ed. London: Prentice Hall.

2. 参考书

程青芳. 2006. 有机化学实验. 南京：南京大学出版社.

丁长江. 2006. 有机化学实验. 北京：科学出版社.

黄涛. 1998. 有机化学实验. 2版. 北京：高等教育出版社.

兰州大学，复旦大学化学系有机化学教研室. 1994. 有机化学实验. 2版. 北京：高等教育出版社.

曾昭琼. 2000. 有机化学实验. 3版. 北京：高等教育出版社.

Fieser L F, Fieser M. 1974. Reagents for Organic Synthesis. New York: Wiley.

Fieser M. 1990. Reagents for Organic Synthesis. New York: Wiley-interscience publication.

Gilbert J C. 2001. Experimental Organic Chemistry: A Miniscale and Microscale Approach. 3rd ed. New York: Brooks Cole.

Schoffstall A M. 2000. Microscale and Miniscale Organic Chemistry Laboratory

---

① 供学生查阅和进一步阅读。

Experiments. Boston: McGraw-Hill.

Williamson K L. 1999. Macroscale and Microscale Organic Experiments. 3rd ed. Boston: Houghton Mifflin Co.

3. 期刊

中国科学 B 辑，C 辑（Scientia Sinica）
科学通报
化学学报（Journal of the Chinese Chemical Society）
中国化学（Chinese Journal of Chemistry）
高等学校化学学报
中国化学快报（Chinese Chemical Letters）
有机化学

附录 2　常用有机溶剂的纯化

在有机化学实验中，经常使用各类溶剂作为反应介质或用来分离提纯粗产物。由于反应的特点和物质的性质不同，对溶剂规格的要求也不相同。这里介绍几种实验室中常用的有机溶剂的纯化方法。

1. 无水乙醚

沸点为 34.51℃，n_D^{20} 1.3526，d_4^{20} 0.71378。久藏的乙醚常含有少量过氧化物。过氧化物的检验和除去：在干净的试管中放入 2～3 滴浓硫酸、1mL 2%碘化钾溶液（若碘化钾溶液已被空气氧化，可用稀亚硫酸钠溶液滴到黄色消失）和 1～2 滴淀粉溶液，混合均匀后加入乙醚，出现蓝色即表示有过氧化物存在。除去过氧化物可用新配制的硫酸亚铁稀溶液（配制方法是 $FeSO_4 \cdot H_2O$ 60g、100mL 水和 6mL 浓硫酸）。将 100mL 乙醚和 10mL 新配制的硫酸亚铁溶液放在分液漏斗中洗数次，至无过氧化物为止。市售乙醚中常含有微量水、乙醇和其他杂质，不能满足无水实验的要求。可用下述方法进行处理，制得无水乙醚。

在 250mL 干燥的圆底烧瓶中，加入 100mL 乙醚和几粒沸石，装上回流冷凝管。将盛有 10mL 浓硫酸的滴液漏斗通过带有侧口的橡胶塞安装在冷凝管上端，接通冷凝水后，将浓硫酸缓慢滴入乙醚中，由于吸水作用产生热，乙醚会自行沸腾。当乙醚停止沸腾后，拆除回流冷凝管，补加沸石后，改成蒸馏装置，用干燥的锥形瓶作接收器。在接液管的支管上安装一支盛有无水氯化钙的干燥管，干燥管的另一端连接橡胶管，将逸出的乙醚蒸气导入水槽中。

用事先准备好的热水浴加热蒸馏，收集 34.5℃的馏分 70～80mL，停止蒸馏。

烧瓶内所剩残液倒入指定的回收瓶中(切不可向残液中加水)。向盛有乙醚的锥形瓶中加入 1g 钠丝，然后用带有氯化钙干燥管的塞子塞上，以防止潮气侵入并可使产生的气体逸出。放置 24h，使乙醚中残存的痕量水和乙醇转化为氢氧化钠和乙醇钠。如发现金属钠表面已全部发生作用，则需补加少量钠丝，放置至无气泡产生，金属钠表面完好，即可满足使用要求。

2. 无水乙醇

沸点为 78.5℃，n_D^{20} 1.3611，d_4^{20} 0.7893。制备无水乙醇的方法很多，根据对无水乙醇质量的要求不同而选择不同的方法。若要求 98%～99%的乙醇，可采用下列方法：①利用苯、水和乙醇形成低共沸混合物的性质，将苯加入乙醇中，进行分馏，在 64.9℃时蒸出苯、水、乙醇的三元共沸混合物，多余的苯在 68.3℃与乙醇形成二元共沸混合物被蒸出，最后蒸出乙醇，工业多采用此法。②用生石灰脱水，于 100mL 95%乙醇中加入新鲜的块状生石灰 20g，回流 3～5h，然后进行蒸馏。若要求 99%以上的乙醇，可采用下列方法：①在 100mL 99%乙醇中，加入 7g 金属钠，待反应完毕，再加入 27.5g 邻苯二甲酸二乙酯或 25g 草酸二乙酯，回流 2～3h，然后进行蒸馏。金属钠虽能与乙醇中的水作用，产生氢气和氢氧化钠，但所生成的氢氧化钠又与乙醇发生平衡反应，因此单独使用金属钠不能完全除去乙醇中的水，必须加入过量的高沸点酯，如邻苯二甲酸二乙酯与生成的氢氧化钠作用，抑制上述反应，从而达到进一步脱水的目的。②在 60mL 99%乙醇中，加入 5g 镁和 0.5g 碘，待镁溶解生成醇镁后，再加入 900mL 99%乙醇，回流 5h 后，蒸馏，可得到 99.9%乙醇。由于乙醇具有非常强的吸湿性，在操作时动作要迅速，尽量减少转移次数以防止空气中的水分进入，同时所用仪器必须提前干燥好。

3. 丙酮

沸点为 56.2℃，n_D^{20} 1.3588，d_4^{20} 0.7899。市售丙酮中往往含有甲醇、乙醛和水等杂质，可用下述方法提纯。

在 250mL 圆底烧瓶中，加入 100mL 丙酮和 0.5g 高锰酸钾，安装回流冷凝管，水浴加热回流。若混合液紫色很快消失，则需补加少量高锰酸钾，继续回流，直到紫色不再消失为止。

改成蒸馏装置，加入几粒沸石，水浴加热蒸出丙酮，用无水碳酸钾干燥 1h。将干燥好的丙酮倾入 250mL 圆底烧瓶中，加入沸石，安装蒸馏装置(全部仪器均需干燥)。水浴加热蒸馏，收集 55.0～56.5℃的馏分。

4. 乙酸乙酯

沸点为 77.06℃，n_D^{20} 1.3723，d_4^{20} 0.9003。市售的乙酸乙酯一般含量为 95%～

98%，含有少量水、乙醇和乙酸。可先用等体积的 5%碳酸钠溶液洗涤，再用饱和氯化钙溶液洗涤，酯层倒入干燥的锥形瓶中，加入适量无水碳酸钾干燥 1h 后，蒸馏，产物沸点为 77℃。乙酸乙酯也可用下法纯化：于 1000mL 乙酸乙酯中加入 100mL 乙酸酐、10 滴浓硫酸，加热回流 4h，除去乙醇和水等杂质，然后进行蒸馏。馏液用 20~30g 无水碳酸钾振荡，再蒸馏，纯度可达 99%以上。

5. 石油醚

石油醚是低级烷烃的混合物。根据沸程范围不同可分为 30~60℃、60~90℃ 和 90~120℃等不同规格。石油醚中常含有少量沸点与烷烃相近的不饱和烃，难以用蒸馏法进行分离，此时可用浓硫酸和高锰酸钾将其除去。方法如下：

在 150mL 分液漏斗中，加入 100mL 石油醚，用 10mL 浓硫酸分两次洗涤，再用 10%硫酸与高锰酸钾配制的饱和溶液洗涤，直至水层中紫色不再消失为止。用蒸馏水洗涤两次后，将石油醚倒入干燥的锥形瓶中，加入无水氯化钙干燥 1h，蒸馏，收集需要规格的馏分。若需绝对干燥的石油醚，可加入钠丝（与纯化无水乙醚相同）。

6. 二氯甲烷

沸点为 40℃，n_D^{20} 1.4242，d_4^{20} 1.3266。使用二氯甲烷比氯仿安全，因此常用它来代替氯仿作为比水重的萃取剂。普通的二氯甲烷一般都能直接作萃取剂用。如需纯化，可用 5%碳酸钠溶液洗涤，再用水洗涤，然后用无水氯化钙干燥，蒸馏收集 40~41℃的馏分，保存在棕色瓶中。

7. 氯仿

沸点为 61.7℃，n_D^{20} 1.4459，d_4^{20} 1.4832。普通氯仿中含有 1%乙醇（这是为防止氯仿分解为有毒的光气，作为稳定剂加进去的）。除去乙醇的方法是用水洗涤氯仿五六次后，将分出的氯仿用无水氯化钙干燥 24h，再进行蒸馏，收集 60.5~61.5℃ 的馏分。纯品应装在棕色瓶内，置于暗处避光保存。

8. 四氯化碳

沸点为 76.8℃，n_D^{20} 1.4603，d_4^{20} 1.595。四氯化碳中二硫化碳达 4%。纯化时，可将 1000mL 四氯化碳、60g 氢氧化钾加入 60mL 水和 100mL 乙醇的混合液中，在 50~60℃时振摇 30min，然后水洗，再将此四氯化碳按上述方法重复操作一次（氢氧化钾的用量减半）。四氯化碳中残余的乙醇可以用氯化钙除掉。最后将四氯化碳用氯化钙干燥，过滤，蒸馏，收集 76.7℃的馏分。四氯化碳不能用金属钠干燥，因有爆炸危险。

9. 苯

沸点为 80.1℃，n_D^{20} 1.5011，d_4^{20} 0.8765。普通苯中可能含有少量噻吩，除去的方法是用少量(约为苯体积的 15%)浓硫酸洗涤数次，再分别用水、10%碳酸钠溶液和水洗涤。分离出的苯置于锥形瓶中，用无水氯化钙干燥 24h 后，水浴加热蒸馏，收集 79.5~80.5℃的馏分。

10. 甲醇

沸点为 64.96℃，n_D^{20} 1.3288，d_4^{20} 0.7918。普通未精制的甲醇含有 0.02%丙酮和 0.1%水，而工业甲醇中这些杂质的含量达 0.5%~1%。为了制得纯度达 99.9%以上的甲醇，可将甲醇用分馏柱分馏，收集 64℃的馏分，再用镁去水(与制备无水乙醇相同)。甲醇有毒，处理时应防止吸入其蒸气。

11. 四氢呋喃

沸点为 67℃，n_D^{20} 1.4050，d_4^{20} 0.8892。四氢呋喃与水能混溶，并常含有少量水分及过氧化物。如要制得无水四氢呋喃，可用氢化铝锂在隔绝潮气下回流(通常 1000mL 需 2~4g 氢化铝锂)除去其中的水和过氧化物，然后蒸馏，收集 66℃的馏分(蒸馏时不要蒸干，将剩余少量残液倒出)。精制后的液体中加入钠丝并应在氮气氛中保存。处理四氢呋喃时，应先用小量进行实验，在确定其中只有少量水和过氧化物，且作用不致过于剧烈时，方可进行纯化。四氢呋喃中的过氧化物可用酸化的碘化钾溶液检验。如过氧化物较多，应另行处理为宜。

12. 吡啶

沸点为 115.5℃，n_D^{20} 1.5095，d_4^{20} 0.9819。分析纯的吡啶含有少量水分，可供一般实验用。如要制得无水吡啶，可将吡啶与颗粒氢氧化钾(钠)一同回流，然后隔绝潮气蒸馏备用。干燥的吡啶吸水性很强，保存时应将容器口用石蜡封好。

13. 二甲基亚砜(DMSO)

沸点为 189℃(熔点为 18.5℃)，n_D^{20} 1.4783，d_4^{20} 1.0964。二甲基亚砜能与水混合，可用分子筛长期放置加以干燥。然后减压蒸馏，收集 76℃/1600Pa(12mmHg)的馏分。蒸馏时，温度不可高于 90℃，否则会发生歧化反应生成二甲基砜和二甲基硫醚。也可用氧化钙、氧化钡或无水硫酸钡干燥，然后减压蒸馏。还可用部分结晶的方法纯化。二甲基亚砜与某些物质混合时可能发生爆炸，如氢化钠、高碘酸或高氯酸镁等，应予注意。

14. N,N-二甲基甲酰胺(DMF)

沸点为 149~156℃，n_D^{20} 1.4305，d_4^{20} 0.9487。N,N-二甲基甲酰胺为无色液体，与多数有机溶剂和水可任意混合，对有机和无机化合物的溶解性能较好。N,N-二甲基甲酰胺常含有少量水分。常压蒸馏时有些分解，产生二甲胺和一氧化碳。在有酸或碱存在时，分解加快。所以加入固体氢氧化钾(钠)并在室温放置数小时后，即有部分分解。因此，最常用硫酸钙、硫酸镁、氧化钡、硅胶或分子筛干燥，然后减压蒸馏，收集 76℃/4800Pa(36mmHg)的馏分。当含水较多时，可加入其 1/10 体积的苯，在常压及 80℃以下蒸去水和苯，然后再用无水硫酸镁或氧化钡干燥，最后进行减压蒸馏。纯化后的 N,N-二甲基甲酰胺要避光储存。N,N-二甲基甲酰胺中如有游离胺存在，可用与 2,4-二硝基氟苯产生颜色来检查。

附录3 常用干燥剂的性能与应用范围

干燥剂	吸水作用	吸水容量	干燥效能	干燥速度	应用范围
氯化钙	形成 $CaCl_2 \cdot nH_2O$，$n=1,2,4,6$	0.97	中等	较快，但吸水后表面为薄层液体所盖，故放置时间要长些为宜	能与醇、酚、胺、酰胺及某些醛、酮形成配合物，因而不能用来干燥这些化合物。工业品中可能含氢氧化钙或氧化钙，故不能用来干燥酸类
硫酸镁	形成 $MgSO_4 \cdot nH_2O$，$n=1,2,4,5,6,7$	1.05	较弱	较快	中性，应用范围广，可代替 $CaCl_2$，并可用于干燥酯、酮、腈、酰胺等不能用 $CaCl_2$ 干燥的化合物
硫酸钠	$Na_2SO_4 \cdot 10H_2O$	1.25	弱	缓慢	中性，一般用于有机液体初步干燥
硫酸钙	$2CaSO_4 \cdot H_2O$	0.06	强	快	中性，常与硫酸镁(钠)配合，作最后干燥之用
碳酸钾	$K_2CO_3 \cdot 1/2H_2O$	0.2	较弱	慢	弱碱性，用于干燥醇、酮、酯、胺及杂环等碱性化合物，不适于酸、酚及其他酸性化合物
氢氧化钾(钠)	溶于水	—	中等	快	强碱性，用于干燥胺、杂环等碱性化合物，不能用于干燥醇、酯、醛、酮、酸、酚等
金属钠	$Na+H_2O \longrightarrow NaOH+1/2H_2$		强	快	限于干燥醚、烃类中的痕量水分，使用时切成小块或压成钠丝
氧化钙	$CaO+H_2O \longrightarrow Ca(OH)_2$		强	较快	适于干燥低级醇类
五氧化二磷	$P_2O_5+3H_2O \longrightarrow 2H_3PO_4$		强	快	吸水后表面为黏浆液覆盖，操作不便，适于干燥醚、烃、卤代烃、腈等中的痕量水分。不适用于醇、酸、胺、酮等
分子筛	物理吸附	约 0.25	强	快	适用于各类有机化合物的干燥